破局逻辑

《哪吒2》中的管理隐喻

阎雨◎著

企业管理出版社
ENTERPRISE MANAGEMENT PUBLISHING HOUSE

图书在版编目（CIP）数据

破局逻辑：《哪吒 2》中的管理隐喻 / 阎雨著 .
北京：企业管理出版社，2025. 9. — ISBN 978-7-5164-3320-1

Ⅰ . F272

中国国家版本馆 CIP 数据核字第 20257692PS 号

书　　名：破局逻辑：《哪吒 2》中的管理隐喻
书　　号： ISBN 978-7-5164-3320-1
作　　者：阎　雨
特约策划：唐琦林
策　　划：杨慧芳
责任编辑：李雪松　杨　倩
出版发行：企业管理出版社
经　　销：新华书店
地　　址：北京市海淀区紫竹院南路 17 号　**邮编：**100048
网　　址：http://www.emph.cn　**电子信箱：**314819720@qq.com
电　　话：发行部（010）68417763　68414644　编辑部（010）68420309
印　　刷：北京联兴盛业印刷股份有限公司
版　　次：2025 年 9 月第 1 版
印　　次：2025 年 9 月第 1 次印刷
开　　本：710mm × 1000mm　1/16
印　　张：15.5
字　　数：173 千字
定　　价：88.00 元

名家点评

作者常年奔走于世界各地，见多识广；深耕文明与管理领域，见远识卓。凭借深厚的跨学科理论积淀，经以宏阔视野，纬以手术刀般的细腻剖析。透过纷繁现象，揭示管理问题本质 —— 升维。书中提出的“破局逻辑即模式迭代”“四条破局路径无分优劣，唯求适配”“破局永无完成时”等前沿洞见，既为有需要的企业家指点迷津，又为当代经管学者指明了新的研究方向。

——欧阳卫民　中国金融学会副会长，广东省原副省长，
国家开发银行原行长

商海文心・破局启思

阎雨老师的《破局逻辑——〈哪吒2〉中的管理隐喻》一书行将出版，嘱我写个评论，我坦然接受。这两年多来，我与阎雨老师交往较多，共同出席会议或应其所邀为经济学院企业家培养班讲中国哲学等一些课程。这两年来也读了他送给我的著作，如《思想的碎片——文化与经济论衡》《禅与现代管理》《世界文明发展比较研究概论》等。从这些著作中可以看到阎雨老师在读书和教学中逐渐

形成他特有的观察和研究问题的方法。

他从政治学、经济管理学及哲学不同学科的视角思考来解决问题，颇让人衿佩。

读其即将出版的《破局逻辑——〈哪吒 2〉中的管理隐喻》一书的新见解、新观点，和 30 年前亚洲四小龙（中国香港、新加坡、中国台湾和韩国）的经济发展是由于这些国家或地区和儒家文化圈契合的观点有些相似。不过阎雨老师现在把中国放在当下世界的语境下思考与理解，比 30 年前西方和东亚学术界对中国的认识要具象与深刻得多。哈佛大学的希尔斯教授在他的《论传统》中提到："'传统'不仅仅是'过去',它也在'当下'"。庞朴先生在 20 世纪 80 年代《文化传统与传统文化》一文中提到"中国文化传统"，其意义是从文化传承意涵讲中国，而"中国传统文化"其意是告知我们中国文化的过去与现代之变化样态，阎雨老师在文中也有异曲同论的表述。

他写此书的动念是看了一部电影——《哪吒 2》，由此开始思考"破局逻辑"，阎老师用有限篇幅写透了中国企业管理的问题与本相。

阎老师在书中说：在商业世界的惊涛骇浪中，企业家既是时代的弄潮儿，也是文化与思想的引领者，做企业是一场持续不断的人生修行。读书是提升企业家心性与格局的法门。清醒时踏实做事，迷茫时静心读书。

大哉斯言，阎雨正是这样的老师。

此文如有误解，错误之处，敬请批评！

——王守常　著名学者，北京大学哲学系、宗教学系教授

“破局”二字，颇有古意，亦合今用。局者，势也、困也；破者，解也、通也、出新也。此书以“破局逻辑”为题，立意深远，非止于技巧之传授，更在于思维之重构。

观其内容，从纲目之间已见其格局：既有传统智慧之沉淀，又具现代管理之锐气；既重理论之根基，亦不乏实践之路径。作者试图在变局中寻常道，在困局中开新路，此种努力，值得称许。

当今时代，变化无常，困境迭出，若能以逻辑破局，以智慧导行，则个人可成其事，企业可立其业，国家可谋其远。本书引导读者走出思维之藩篱，进而明势、择道、应变，则善矣。

本书具有文学性、思辨性，这对于人文学科，尤其是在打破学科壁垒、进行交叉研究的当下，是一种非常有益的尝试。彰显了作者在领域内的长期深耕，理论功底深厚扎实，在众多具体案例研究的基础上，进一步上升为理论、思维，不止步于研，更践行于思，以破局之逻辑，成自家之天地。

——李　洱　北京作家协会主席，北京大学文学讲习所教授，
第十届茅盾文学奖获得者

本书基于企业实地调研的大量资料，以深厚的管理学理论积淀与敏锐的学术洞察力，通过抽丝剥茧的剖析，直抵管理的本质。面对时代发展之问，构建起“理论穿透——现象解构——路径生成”的三维研究体系，助力企业家在不确定性中锚定确定性，化危机为商机，在变局中开新局。

这部著作既恪守学术严谨，又融通思辨智慧，更兼具审美意趣；既彰显思维理性，又蕴含人文关怀，堪称精品力作。

——崔建华　北京大学经济学院党委书记

愿你，在时代风暴中，不是跟随者，而是引领者。愿你，在规则重构中，不是被动者，而是设计者。愿你，在文明复兴中，不是观望者，而是行动者。愿你，像哪吒，踩着风火轮，踏浪而行。

——许福吉　新加坡南洋理工大学杰出教授，
南洋理工大学孔子学院创院院长

不确定时代的商业思维

《破局逻辑——〈哪吒 2〉中的管理隐喻》以独特视角解构商业逻辑，将文化叙事与管理智慧深度融合。书中以《哪吒之魔童闹海》《哪吒 2》为文化符号，剖析“我命由我不由天”的时代隐喻，映射出个体觉醒与管理变革的辩证关系。书中提出，真正的管理创新需如哪吒般“向死而生”，在破除标签化偏见中重构价值体系，实现商业模式迭代。

该书结合华为、比亚迪、特斯拉、DeepSeek 等科技案例，进一步论证了文化软实力与科技硬实力的“双轮驱动”，为中华文明的“破茧”提供了现实注脚。

此书是对传统文化的创造性转化、创新性发展，为管理者在不确定时代提供兼具东方哲学深度与商业实操性的思维框架，是一部将文化叙事转化为管理智慧的创新佳作。

——周建波　北京大学经济学院经济史学系系主任、教授、博士生导师，中国经济思想史学会会长

国产电影《哪吒2》把电影之海闹得天翻地覆，因而名利双收，好评如潮：有赞美国产电影的成功，有欢呼中华文化的胜利，有感佩东方智慧的深邃，有惊叹现代技术的创造力……可谓仁者见仁，智者见智。而阎雨先生避开哪吒脚下风火轮的烈焰，绕过主流评论的喧嚣，剑走偏锋，以冷峻的思考、独到的见解，驾驭他精熟的经济学理论；以深厚的传统文化底蕴解构哪吒神话，赋予其现代管理学内涵，点醒了无数正在困局中苦苦挣扎的“梦中人”，就像酷夏里的一泓清泉，把人们带到清凉胜界，破局前行。

书中通过大量案例的分析，将隐藏在文化现象背后的商业逻辑抽丝剥茧，生动展示出来，在传统文化和商业经济之间架起了一座桥梁。既有从零和到多赢价值创新的商业竞争逻辑，也有从自卑到复兴历史嬗变的文化自信的洞察。

我认为它既是一部别开生面的现代管理学著作，也是一部贴近现实生活的优秀传统文化现代诠释的力作。

——熊远明　第十四届全国人大民族委员会委员，第十四届全国人大代表，国家图书馆原馆长，中国东方文化研究会会长

弥天大变局

阎雨博士的新书《破局逻辑——〈哪吒 2〉中的管理隐喻》，深刻揭示了中国百年未有之大变局的真相。

中国选择的中国式现代化，明确了中华民族伟大复兴之路，不照搬西方模式，即推动中国式现代化。

这里面有大量的矛盾与冲突，需要协调集体主义与个人主义、公司利益与社会利益、国民利益与国家利益、技术发展与技术平权。

真的如同哪吒脱胎换骨，再造此生。

阎雨博士以其丰富的学养、饱满的阅历、优美的笔法，试图为普罗大众解读出此弥天大变局。其中思维缜密、案例翔实、分析深刻，值得有志青年和广大专家一读。

——冯　科　北京大学经济学院金融系教授、博士生导师，
北京大学金融与产业发展研究中心主任

身为哪吒，才不枉渡今生

当下我们的世界是人类历史变化最为迅猛激荡的时代。所有的“上天意志”都被质疑、被蔑视、被抛弃。正如阎雨先生在书中所说：“心不死，则道不生；不破不立，晓喻新生；凤凰涅槃，向死而生！人的最终境界如凤凰振翅：毁灭不是终点，而是新生的序章。当旧我已焚尽，灰烬中升起的将是不可摧折的觉醒之力。”

阎雨先生《破局逻辑——〈哪吒 2〉中的管理隐喻》抒写了企

业家和创造者的精神。“若前方无路，我便踏出一条路；若天理不容，我便逆转这乾坤。”“我命由我不由天，是魔是仙，我自己说了算！”“每一次的战斗，都是我成长的磨砺。”这是哪吒的金句，这也应该是我们这一代年轻人的精神所在。

唤醒内心的自我！自行觉醒，自生光明，自造慧命！把这样的力量注入时代，振奋士气，共同精进，共赴未来，明天一片辉煌！

——李永平　中国人民大学教授，企业战略专家、管理学家

乾坤虽定，心性可化

当时代巨变如“乾坤圈”般环伺，中国文化与管理深入融合的顶级学者阎雨教授以《哪吒2》为镜，映照出全球经济变局中企业家的真实困境，以神话之壳包裹管理学之核，于时代裂缝中提炼出独到的文化意涵与治理之道，为中国企业家构建出一套富有东方精神的“破局之道”。当所有管理学者在计算风口时，此书教企业家做商业界的“弑神者”——用哪吒的灵珠引爆自己，在劫灰中炼出第二颗太阳。

——洪　岩　英国皇家艺术学会会士，中国科协青年托举人才，
中国博士后国际交流计划引进人才，
苏州大学服装设计与工程系副主任、教授、博士生导师

与时俱进，万法同源

《破局逻辑——〈哪吒 2〉中的管理隐喻》是一本生动的创新“修炼”指南。作者从时下热点的影视作品《哪吒 2》出发，以生动的笔触和深刻的洞见，为管理者提供了发展和进阶的有力支撑。万法同源，今天中国经济和社会发展的破局与《哪吒 2》这部极具中国文化特色和精神内核的影视作品一样，面临着相同的情境。大国博弈，产业升级，科技创新早已经无法固步自封于过去的老路，而必须以“我命由我不由天”的颠覆式创新精神重构国际秩序与发展格局。在两个结合的指引下，从中华优秀传统文化的图腾中寻找自立自强的底气和路径，作者通过本书做出了卓越的探索和精彩的呈现。中国特色的企业家精神与中国式现代化的宏伟蓝图，或许就在其中，等待你我去探索，去发现，去实践。

——胡宇东　智库家研究院院长，中国人民大学风险资本与网络经济研究中心执行主任

否极泰来，“势”在人为

当哪吒脚踏风火轮冲破天劫，阎雨博士以学者之笔在管理学的苍穹划出一道破局闪电——新著《破局逻辑——〈哪吒 2〉中的管理隐喻》首先是值得中国企业家尤其是创业者共享的哲思之作，同时也是适合所有企业管理者参考的实践指南，更是献给所有相信中国能在百年未有之大变局中强势崛起的众多读者的共鸣之书。

电影之内，哪吒与“天道”对立，与保守对立，与成见对立，与苦难对立，而与传统设定中的宿敌（敖丙）合作，这一鲜明的现代性改编使向来带有“含蓄”“中庸”“沉稳”标签的“东方性格”更加丰富、鲜活、立体，呈现出在千年儒释道文化滋养中仍保留了“质疑”“果敢”“意气”的少年中国意象。这种意象，正是中国管理思想在新时代破局所需的精神内核。

电影之外，制作团队坚持对内容品质的匠心治理，成都市营造“低成本＋允许试错”环境支持创业者深度创新，都是长期主义的现实写照——即使经历“至暗时刻”，也要坚持完成从“事在人为”向“‘势’在人为”的破局。反观阎雨博士的艰苦成书过程，又何尝不是一次破局者以坚韧和执着完成的自我超越？

躬身入局、设计规则、驾驭趋势，是破局的关键。当前，中国经济正面临挑战，国资央企应用实际行动注释责任与使命的意义所在，不断为三个问题寻找更优答案——企业成立的初衷何在？企业存在的价值是什么？企业如何通过创新不断做强做优做大？以此践行“123455”现代新国企建设要求：实现一个目标——做强做优做大；强化两个核心——增强核心功能、提高核心竞争力；发挥三个作用——科技创新、产业控制、安全支撑；满足四个标准——创新领先、功能突出、治理高效、充满活力；强化五个特征——创新力、竞争力、影响力、治理力、企业家引领力；提升五个价值——增加值、功能价值、经济增加值、战新产业收入和增加值占比、品牌价值。

而正如陀思妥耶夫斯基所说的，“我只担心一件事，我怕我配不上自己所受的苦难”，真正支撑破局者前行的，永远是那种相信“我命由我不由天”的定见和勇气。

——杨永胜　管理学博士，享受国务院政府特贴专家，
北京大学客座教授，中国华录集团有限公司党委副书记

创业指南与管理地图

管理学的变迁恰似时代注脚，百年西学东渐、千载文化交织，中国叙事深入人心。在中国式现代化发展道路上，一缕春风四十余载，一代代创业者承重“乾坤圈”与“风火轮”，在科技、产业、金融深度融合中千锤百炼、逆处寻生、翻天覆地、洪波涌起。以传统文化哲学思想来理解和支持大变局下的创新、创业、挑战者，极具研究价值。

创业不是请客吃饭，管理更是实践的学科。阎雨博士堪称行走的商业案例库，数智、汽车、能源、消费、文旅、健康，大开大合、信手拈来，呈现出系统的创业精神指南与管理地图。文字饱含赤诚，在残酷的商业文明里鼓励勇气与坚守、觉醒与超越。理、史、实兼备，可见厚积薄发。

翻开这 20 多万字，时代浪潮波诡云谲里哪吒闹海；阖上书页，企业家精神熠熠生辉。且破且立，谨此推荐共勉。

——史宇升　北大科技园总裁，
北京北大科技园建设开发有限公司总裁

推荐序

在风暴中觉醒——致破局者的时代之书

在一个规则频繁被重写的世界，如何行动？在一个个体力量不断被边缘化的结构中，如何破局？在一个充满不确定性的时代，如何觉醒？阎雨博士的新书《破局逻辑——〈哪吒 2〉中的管理隐喻》，我们看到了一个前所未有的答案。它不是一部神话重述，也不是一部单纯的管理学著作，而是一场将东方智慧、企业战略、时代精神与文化哲思融会贯通的跨界对话。

我命由我不由天，写就世纪“觉醒之书”

在商业管理与战略理论的书架上，我们看到了大量关于乔布斯、马斯克、彼得·德鲁克的经典故事，但缺少来自东方的精神“图腾”——它不依赖救世主，不盲信规则，而存在一种在压制与偏见中自我突破的“破局者范式”。阎雨博士以动画电影《哪吒 2》中喊出的“我命由我不由天”为引线，写就了一部属于新时代的“觉醒之书”。对于企业家来说，这是一本战略思维手册；对于青年学子而言，这是一本价值重塑之书；对于学术界，它更是一部激活时代精神的思想引擎。

哪吒，是这样一个东方原创形象，他用“乾坤圈”与“风火轮”对抗命运，以“莲花之身”重构价值认同。在当代企业家面对全球经济裂变、技术奇点[1]来临、文化冲突日深的语境中，恰恰这样的哪吒成为最具启发性的象征。作者以哪吒为起点，映射出华为的“向死而生”、比亚迪的“逆流造芯”、胖东来的“极致人本服务”，将虚构的神话与现实的管理实践有机融合，赋予优秀传统文化以新生命，也为企业家精神注入新动力。

企业家精神的再定义：从“守成者”到“破局者”

《破局逻辑——〈哪吒 2〉中的管理隐喻》提出了一个重要命题：企业家不仅是资源整合者、利润创造者，更是规则重构者、认知觉醒者与文化激活者。这不仅仅是角色的升级，更是范式的转变。在今天这个 VUCA（易变性、不确定性、复杂性、模糊性）时代，企业不再靠规模制胜，而是靠认知优势与系统创新生存。书中提出的“哪吒式企业家”三维模型——认知突围力、生态建构力、文化整合力——正是对传统企业家精神的一次重塑。作者不流于抽象，而是以张一鸣、王传福、曹德旺为范例，展示了一代代企业家如何突破传统路径依赖，如何在跨文化、跨技术的时代激发“非共识”创新。这一点，对正在经历“后全球化”挑战的企业家而言，具有高度的现实指导意义。

中国式创新的战略地图：文化 + 技术的双轮驱动

在过去的三十年，商业世界对“创新”的认知高度技术化，仿佛只有硅谷才配谈未来，但阎雨博士突破了这一技术中心主义的叙

① 奇（qí）点：大爆炸宇宙论所追溯的宇宙演化的起点，或者黑洞中心的点。奇点的密度无限大，奇点处的时空曲率无限大。

述，将文化作为创新的另一条引擎，提出“技术是引擎，文化是导航”的中国式创新路径。书中深入分析TikTok的全球突围、阿里的“六脉神剑”、华为的蓝军机制、新东方的文化带货等现象，提出一种文化+技术双轮驱动的创新模式。这一模式不仅适用于中国企业，也适用于所有渴望在非主流文化语境中寻求突围的企业与组织。这种整合能力源于中国儒释道文化的深层支撑。儒家强调“修身齐家治国平天下”的内外合一；道家主张“无为而治、因势利导”，激发组织内在生命力；佛家则提供“中道智慧”，引导个体在不确定中保持定力。这些古老智慧在书中不再是纸上谈兵，而是与制度设计、组织文化、战略执行紧密联动的实践指南。

道德经济的东方回响：为谁而创新？为何而经营？

特别欣赏本书中对“道德经济”理念的深度探索。作者提出：真正的企业不是为利益最大化而存在，而是承担社会责任、文化使命与代际传承。这一思想，回响着中国古典经济学对“义利之辨”的长久讨论，也与《孟子》所言“恒产恒心，民之根本”遥相呼应。在书中，无论是曹德旺的全球慈善与文化调和、俞敏洪的精神重建，还是胖东来对“利他服务”的坚守，都体现出“道德经济”作为一种内生逻辑，而非外部包装的力量。这本书的可贵之处在于：它并不将道德等同于口号，而是将其融入企业运营、管理机制与文化共识之中。通过多维度案例分析，它为企业“如何做出价值选择”提供了真实可行的路径。

从破到立：构建中国管理的第三条道路

《破局逻辑——〈哪吒2〉中的管理隐喻》不单是一部管理学著作，更是一次对中国管理模式的战略性探索。西方管理理论以“控制与效率”为中心，强调流程、制度、KPI；中国式管理则尝试在“人性与制度”“价值与目标”之间寻找平衡。作者以“太极式管理”作为象征，强调刚柔并济、张弛有度。他认为，未来的管理不应是“流程复制”，而是“文化生长”；不应是“工具逻辑”，而是“生命逻辑”。这一思想，不仅适用于企业管理，更对组织行为、教育系统、政府治理、非营利组织乃至国际合作模式都有借鉴意义。它是一种真正具有文化底蕴与全球适应性的“第三条管理道路”。

在这个时代，我们面对的是周期轮回中的巨大波动，是技术革新带来的伦理挑战，是全球秩序剧烈重构下的认知焦虑。这本书，以神话为骨，以现实为肉，以文化为魂，构筑了一座“认知重构”的思想灯塔。它不仅告诉我们应该如何做一个更好的企业家，更重要的是告诉我们：我们可以不被定义，我们有权“逆天改命”。正如书中所言：“真正的英雄，是在绝望中寻找秩序与尊严；真正的企业家，是在混沌中看清方向并创造价值。”

我衷心推荐这本专著给广大企业家、青年学子，以及战略研究者、时代观察者。无论你身处困境，还是站在风口，阅读此书，都将为你点燃一盏内在的智慧之灯，助你破圈突围，走出属于自己的“莲花之路”。愿你，在时代风暴中，不是跟随者，而是引领者。愿你，在规则重构中，不是被动者，而是设计者。愿你，在文明复兴中，不是观望者，而是行动者。愿你，像哪吒，踩着风火轮，踏浪而行。

许福吉

新加坡南洋理工大学杰出教授，

南洋理工大学孔子学院创院院长

自序

相信未来

困局：于残垣间感知时代的低吟

我们常常在深夜察觉到时代的细微裂痕——那是创业者独自待在空旷办公室时难掩的失落，那是仓库里积压货品蒙上灰尘时的沉寂，那是催款电话和房贷断供通知接连传来时的紧张氛围。

这低吟中蕴含着多重困境：资金链面临断裂的紧迫，团队凝聚力减弱带来的精神压力，技术层面存在的差距，更有某种无形的因素，影响着人在命运中的走向。

我十分清楚你正处于困境中心，能体会到你肩负的沉重压力，也明白你正站在艰难的处境边缘。

我能感受到你内心的难过，看到你此刻的模样，想要去关怀你疲惫的内心，也愿去安抚你受伤的心灵。

我想对你说：跌倒了，就试着站起来吧！整理好情绪，即便前路仍有困难，也要继续向前，因为我们选择了创业这条路。

我深知你身处风暴之眼，感受着你背负的千钧之重，明了你正立于悬崖边缘。

我听见了你哭泣的声音，我看见了你哭泣的样子，我想去触摸你疲惫的心灵，我愿去抚慰你受伤的灵魂！

我想对你说：若跌倒了，不妨试着爬起来。轻轻擦干痕迹，拂去泪水，即便暂时受了些伤，慢慢前行也是在朝着目标迈进的。创业之路虽充满挑战，但只要坚持，就有希望。

亲爱的企业家朋友，希望你能在困境中寻到希望的微光，因为转机或许很快就会出现，要相信自己，也要相信未来！

正如诗人食指在《相信未来》中所写："当蜘蛛网无情地查封了我的炉台，当灰烬的余烟叹息着贫困的悲哀，我依然固执地铺平失望的灰烬，用美丽的雪花写下：相信未来。"

破咒：以哪吒之血肉重铸商道筋骨

《哪吒 2》里，哪吒穿心咒发作，千针万刺洞穿经脉，身躯寸寸撕裂。更痛的是眼睁睁看着母亲化为丹丸，坐以待毙的绝望瞬间吞噬一切。

这恰似企业家在政策突变、资金链断裂时的剜心之痛。导演饺子说："困住你的枷锁，正是让你重生的契机。"当企业陷入"穿心咒"般的管理困局——部门壁垒如经脉淤塞，市场突变似咒印收紧，唯有像哪吒般毅然撕裂旧躯，才能在天元鼎的烈火中完成组织重塑。

这炉三昧真火，烧的是路径依赖的"赘肉"，锻的是破局创新的铮铮铁骨。

魔丸之力需驯服：企业核心竞争力若如魔丸般失控，终将反噬组织，正如技术优势沦为路径依赖，而乾坤圈的压制恰似制度框架的约束，将魔丸力量导向正途。

烈火淬炼即重构：天元鼎的极端环境，对应市场危机中的倒逼机制——新东方在"双减"风暴后浴火转型素质教育，正是在政策烈火中完成了从“培训服务商”到“成长陪伴者”的肉身重塑。

穿心咒即突破口：某互联网企业曾困于“流量至上”的考核魔咒，当用户体验被数据绑架，其主动打破KPI体系，壮士断腕，打破旧体系，反以“用户净推荐值”重构管理逻辑，恰是挣断“穿心咒”的典范。

选择创业，便是选择了“百死而无悔”的宿命。它意味着主动拥抱苦难，淬炼非凡。企业家，注定由“特殊材料”铸就，异于常人。绝非人人皆可创业，唯那百分之一者，身具特质：

◎ 烈火雄心与磐石之志：强烈的使命感与不灭的执着；

◎ 洞见万里与未雨绸缪：卓越的眼光与前瞻洞见；

◎ 千钧不摧之心：强大的心理韧性与抗压脊梁；

◎ 聚沙成塔之力：深植的自信与凝聚人心的领导力；

◎ 生生不息之智：持续学习与拥抱变革的适应力。

创业是一场对心力、脑力与耐力的终极淬炼。唯有这“特殊材料”铸就的斗士，才能在荆棘丛中踏出血路，成就非凡！

孟子曰：“故天将降大任于斯人也，必先苦其心志，劳其筋骨……”

泰戈尔的诗篇亦是回响：“只有经历过地狱般的磨砺，才能练就创造天堂的力量；只有流过血的手指，才能弹出世间的绝响。”故曰：身不历苦，福难至厚；心不遭磨，智何以开！

一切的艰难险阻，皆是此生修行必经的劫数；我命由我，便要在深渊里焊出天梯，书写属于这个时代的传奇！

涅槃：紧紧扼住破局的逻辑

试想，若无天元鼎的三昧真火淬炼，哪吒将如何？

他将长久被魔丸的暴烈力量所困，依赖乾坤圈压制，永难实现真正的能量融合与掌控。

穿心咒的剧痛曾令他寸步难行。若无此劫，穿心咒或将成为永恒的禁锢。

天元鼎的烈火，不仅是熔铸肉身之所，更是将“反叛的呐喊”锻造成“逆天伟绩”的命运砧板！

撕裂重塑之力：天元鼎的极端环境迫使哪吒进化出肉身撕裂重塑能力，这种在极端环境中突破自我的能力，在企业发展中也有类似的体现，类似字节跳动推行的“Context，not Control（重情景，轻控制）”模式，在复杂多变中赋予组织强大的自适应与突破能力。

界限突破之智：在天元鼎中，哪吒利用“灵珠魔丸混合体”特性突破仙妖界限，如同特斯拉用“第一性原理”颠覆汽车产业价值链，Costco 用会员制重构零售利润结构。

危机从来不是终局判词，而是命运暗藏的晋级礼盒——市场洗牌时清退的是浮躁者，技术革命中淘汰的是守旧人，政策调整后存活的是适者。

创业征途，比的从来不是侥幸，而是坚韧的厚度！财商、智商固然重要，但最终锁定胜局的，是那百折不挠、愈挫愈勇的逆商！这，是一场从“逆命者”到“破壁者”的精神远征！

正如罗浮山冲墟观《抱朴子·内篇》碑文镌刻：“我命在我不在天”，这不仅是哪吒的战旗，更是企业的基因图谱。当创业者斩断代际传承的思维枷锁，撬开行业垄断的五行山，自会觉醒出超越时空的生命力。

真正的破局者，当如哪吒撕裂经脉般重构商业逻辑：以事业心为丹田气海，聚团队如星火燎原；用预见性作破局之眼，于迷雾中见微知著；凭心理韧性铸不坏金身，任千钧重压不折脊梁。

远征：书写“我命由我”的时代传奇

我们活了大半辈子，都在角色扮演，却唯独没活出自己！

原生是别人给我们的，我们要活回自己；如果一切注定，我们就逆天改命！

所有一切，都是过往；凡是过往，皆为序章！

告别角色扮演的宿命，在商业战场上活出真我。真正的企业家精神，是像哪吒般将“反叛宣言”锻造成“逆天实绩”：把政策突变视为破局契机，让技术鸿沟化作创新蓝海，令市场寒冬成为并购良机。

在商业中突破困境后，我们更要突破自身更多的束缚。告别曾经的不堪、苦难、挫败，也告别所有的不舍与眷恋……

人生一世短暂，我们要活出三世甚至五世的长度、厚度与精彩！

我们要自行觉醒，自生光明，自造慧命！

站在新时代，让我们以哪吒之姿向命运宣战：撕裂旧秩序的裹尸布，重塑新商业的金刚身。

创业者以逆商为刃，劈开时代惊涛；以预见为帆，驶向成功彼岸，自能在时代浪潮中书写属于这个时代的“我命由我”传奇。

相信未来！因为真正的企业家，永远在废墟上播种春天。

阎雨

2025 年 6 月 23 日于青海海北州金银滩草原

前　言

当数字浪潮裹挟着技术革命席卷全球，商界正经历着前所未有的范式重构——发展模式迭代加速了市场的不确定性；地缘波动放大了组织的脆弱性；传统管理框架在“黑天鹅”频现的时代愈发显得捉襟见肘。无数企业管理者在增长瓶颈与转型迷雾中徘徊，既渴望突破路径依赖，又困于缺乏兼具文化根基与实操价值的管理思维工具。

困局当前，何去何从？风云激荡，谁主沉浮？企业濒危，如何浴火重生？

破局！不破局就出局。创新！变局中开新局。

破局不是否定一切，而是重新定义；创新不是否认优秀传统，而是阐发其新内涵、新精神、新价值，进而迸发新能量。

“穷则变，变则通，通则久”。正是在这样的背景下，本书试图在东方文化与现代商业实践之间架起一座桥梁。

本书以《哪吒2》的文化叙事为经线，以经济学、管理学的底层逻辑为纬线，构建了“解构——重构——实践”的三阶内容破局逻辑，并提出破局的方法与路径。

首先，从电影的管理隐喻切入，剖析管理困境的形成机制，将哪吒精神的核心元素（反抗天命、打破偏见、破而后立等）映射到企业管理的维度上，揭示打破固有认知的底层逻辑；不破不立，“破局”，就是要以批判性思维重新定义问题的本质。正如“反抗天命”的精神所揭示的，企业管理者的首要任务是打破固有认知的枷锁。大变局时代的不确定性本质上源于技术迭代的速度远超组织适应的能力，组织惯性会使企业管理滞后于技术发展。这种“破而后立”的逻辑，要求管理者从“第一性原理”出发，重新审视企业的核心价值主张，颠覆传统的“封闭竞争”模式，在红海市场中开辟蓝海。

其次，聚焦价值理性与工具理性的互动，价值理性关注企业存在的根本意义，而工具理性则聚焦效率与结果。在解构传统管理模式的基础上，重构需要实践落地，实现价值理性与工具理性的动态平衡。以第一性原理为基点提供战略颠覆、组织变革、模式迭代、危机领导、创新生态的实操路径，既保留了文化根基，又实现了技术赋能。

最后，探讨商业生态的共生逻辑。真正的管理创新，必须建立在对文化基因的深刻理解之上。既要拥抱变化的动态性，又要坚守价值的确定性。构建战略联盟的开放系统，实现文化与管理的双向印证、管理者的境界升华。

本书的独特价值在于三重突破：其一，开创“文化叙事 + 破局逻辑”的跨界范式，将东方文化基因注入管理理论，为企业在不确定性中提供确定性及其可落地的认知坐标，促进传统文化与现代管理融合；其二，提出“科技附加 + 文化附加”管理模型，既规避了纯理论的空泛，又克服了纯案例的碎片化；其三，为读者构建“问题——隐喻——解法”的思维转换工具，助其建立跨领域联想能力，实现从“看见问题”到“创造性解决问题”的跃迁，为管理者提供一套兼具故事性与实操性的工具，助其在复杂环境中实现从困局到胜局之力。

本书的核心读者群聚焦如下三类群体：一是面临转型压力的企业中高层管理者，可通过书中的案例解析破解组织惯性，实现成功转型；二是处于成长期的创业者，能借助破局之道与破局路径获取高效、可持续的发展，多快好省进行战略升级；三是对文化与商业管理交叉领域感兴趣的研究者，书中的隐喻分析框架可为跨学科研究提供新思路，进行学术创新。

无论您是在管理实践中感到迷茫的实践者，还是寻求理论创新的思考者，这部作品都将成为连接文化根脉与商业智慧的密钥，助力您在变革时代找到属于自己的“破局逻辑”，成就自己的不凡事业。

本书以电影《哪吒2》为核心叙事框架，通过其“逆天改命”的精神内核与隐喻，解构企业管理的破局之道。同时，书中亦适度融入《哪吒之魔童降世》(《哪吒1》) 与《封神演义》原型故事的经典情节，旨在通过跨版本叙事的互文性，展现哪吒形象在不同语境下的精神延展——从“反抗权威的叛逆少年”，到“打破宿命的破界者”，再到“重构规则的觉醒者”。这种多维度的叙事策略，为管理隐喻提供了更丰富的文化土壤。书中对非《哪吒2》情节的引用，均服务于对“破局逻辑”的深度诠释，特此说明。

目　录
CONTENTS

第三章　莲花化身：破局之道

第四章　肉身重塑：不同类型的破局路径

第五章　哪吒重生：破局即修行

第六章　写在最后：破局是永恒命题

参考资料

后记（一）　不昧今生，成就圆满

后记（二）

第一章

“魔童”为何要闹海，企业为何要破局

《哪吒2》的故事中，哪吒前期是闹海，后期则是“闹天”，锋芒直抵话语霸权天元鼎。

企业亦然：与其困于内耗，不如破局而生。企业要破的局不仅是红海挣扎的生死局，更是惯性思维的认知局，价值共生的生态局。

《哪吒 2》获得了现象级成功，哪吒“我命由我不由天”的呐喊，恰似一柄利剑，直指固化社会的痼疾，是对旧秩序的颠覆。这句台词之所以引发共鸣，在于它精准戳中了人类对命运的抗争与对自由意志的追求。哪吒那句“小爷是魔，那又如何”，既保留了神话的底子，又狠狠戳中了现代人对抗偏见的共鸣点。《哪吒 2》响应了人们的心声与呐喊：打破霸权，还我自由！这是反抗霸权、自我觉醒与争取自由的宣言。

我们可以从《哪吒 2》中梳理出人生模型与管理范式。观众在角色身上看到了自己的影子：哪吒的反抗、敖丙的挣扎、殷夫人的守护，共同诠释了人性的复杂与成长的共性，将人性里的挣扎、抉择，还有成长路上的披荆斩棘，演绎得入木三分。通过这种深层次的情感共鸣，《哪吒 2》做到了“让每个人都能找到自己的宣泄口，抑或在银幕上看见自己的奋斗足迹”。电影把“对抗命运”这件事梳理成了人人都能对号入座的故事——哪吒反抗的不只是“天劫”，更是所有想定义他的眼光；敖丙的挣扎不只是正邪，更是每个被标签困住的灵魂；就连李靖夫妇和申正道的守护，都藏着父母想为孩子扛下所有负累的那种最朴素，也最本真的爱。

第一节　《哪吒 2》中的时代精神与管理隐喻

《哪吒 2》作为现象级动画电影，其高票房的背后，不仅是视觉与叙事的胜利，更是对现代经济、管理的隐喻性探讨。其中蕴含着的企业管理智慧给企业家带来了深刻的思考。

影片通过神话角色与情节，映射了当下的企业价值重构、危机转化、技术赋能、文明共生、韧性破局、组织变革、传承鼎新、文化管理、模式迭代、家国情怀等核心议题，为企业家提供了多维度的思考空间。

“风云变幻，谁主沉浮”，企业发展的主导力量并非单一主体，而是多维度因素动态博弈的结果。

一、“破圈”背后的文化 + 情绪共振

哪吒的“我命由我不由天”直接击中了当代年轻人的“焦虑点”：对抗内卷、打破成见、追求自我价值！“逆天改命”的精神内核戳中了时代情绪。这不就是企业家创业时的写照吗？电影里哪吒对抗“魔丸宿命”、敖丙挣脱“龙族执念”，映射了现实中企业家在行业规则、资源限制下“硬刚到底”的精神——“没有天生赢家，只有破局者！”

二、技术硬核 + 文化软实力的双重加码

技术层面：138 家动画公司、4000 多名动画人才合力打造，[①] 自主研发的“动态水墨渲染引擎”让东方美学震撼全球——这不就是“中国智造”的缩影？

文化层面：哪吒从神话 IP 到现代叙事的“二次编码”，让传统文化不再是“博物馆里的标本”，而是能和所有奋斗者对话的“流量密码”——“文化自信”才是真正的“破圈神器”！

① 近 140 家公司、4000 多人全力托举，这是中国动画的“万鳞甲”[EB/OL]. 央视新闻，[2025-02-13].

四川作为数字文化产业的“生态构建者”，成都作为“国家级动漫基地”，从《王者荣耀》到《哪吒 2》，背后是十年磨一剑的产业链沉淀：政策扶持、人才聚集、技术协同——没有“生态雨林”，哪来“爆款森林”！

三、“破除成见、炼领导力、玩转团队、开新局！”的管理学内核

“成见之山”与组织文化的破壁。电影里，龙族被贴上“妖”的标签，哪吒被视作“魔丸”，这就像企业中的“第一学历歧视”“年龄歧视”“性别歧视”“文化歧视”“部门墙”——成见会磨灭创新！

破局、变革、开局：哪吒用“对抗阐教”打破旧秩序，企业家也需用“冲突”暴露问题，用“价值观重塑”建立新规则。

“乾坤圈”vs“风火轮”：太乙真人用“乾坤圈”压制哪吒的魔性，但最终靠哪吒的“风火轮”逆转战局——过度管控只会扼杀创造力，真正的领导力是“收放自如”！

四、“天命论”与企业家的“命运掌控术”

无量仙翁的“天命论”像极了某些企业的“路径依赖”[①]——用“经验”绑架创新，用“规矩”掩盖懒政。

“我命由我不由天”的本质：不是盲目对抗规则，而是在规则内找到“弹性空间”——比如华为用鸿蒙系统绕开安卓垄断，比亚迪

① 路径依赖（Path Dependence），又译为路径依赖性，它的特定含义是指人类社会中的技术演进或制度变迁均类似于物理学中的惯性，即一旦进入某一路径（无论是“好”还是“坏”）就可能对这种路径产生依赖。

用垂直整合打破特斯拉壁垒。

“风火轮”战略：哪吒的逆天之力源于内心觉醒，企业家的“破局力”则来自对市场趋势的敏锐洞察＋对核心能力的极致打磨。

团队协作的“万龙甲”哲学：电影片尾字幕显示138家公司参与制作，这就像一个“超大型项目组”——没有完美的个人，只有完美的团队协作！

“万龙甲”的隐喻：每一块鳞片看似独立，但组合起来就是坚不可摧的铠甲——企业家要学会“借势”而非“单打独斗”，比如宁德时代的全球供应链布局。

五、企业家能否真正做到“我命由我不由天”——现实版的“乾坤圈”与“风火轮”

“乾坤圈”：守住底线,控制风险。企业家的“乾坤圈”不是束缚，而是合规经营、现金流安全、核心技术的护城河——就像中芯国际用14纳米技术突破封锁，既守住底线，又为“风火轮”蓄力。

“风火轮”：突破边界，创造价值。从比亚迪反向出口电动车到宁德时代构建自主可控供应链，企业家的“风火轮”就是用创新打破行业天花板——“命定论”从来都是弱者的借口。

“天命”与“人定”的辩证。哪吒最终靠“自我觉醒”改写命运，企业家的破局也需要战略定力＋战术灵活性。如华为依托RISC-V（开源指令集架构）生态布局实现芯片架构自主可控，宁德时代用成本优势逆袭全球电池市场。

《哪吒2》里蕴藏着“管理学暗线”：高绩效团队的陷阱、中层的困境、团队协作的真相。一方面，企业需要“乾坤圈”，明确的制度、流程、KPI，防止“魔性”失控；但是，企业更需要“风火轮”，给员工试错空间、创新激励，让“魔丸”变成“超能力”——没有束缚的自由是放纵，没有自由的束缚是牢笼！

哪吒与敖丙从对抗到合作，企业也需学会“竞合”，从“敌友博弈”到“命运共同体”，是团队协作的终极答案。

创新不是“生搬硬套”，而是“创造奇迹”。就像哪吒最后选择牺牲自己保护陈塘关，企业家的“破局终点”也是从“赚钱”到“创造价值”，实现责任担当的“终极使命”。

正如，比亚迪用新能源技术推动“碳中和”，宁德时代用电池回收技术推动“绿色革命”，中国企业在各自的领域迭代成长：华为用5G标准制定权改写全球通信规则，阿里云用“东数西算”推动数字基建。

中国企业不仅要赢在当下，更要赢在未来！

宁德时代与特斯拉“相爱相杀”，比亚迪与丰田“合资共赢”，华为“狼性文化”+“员工持股”[①]，腾讯“活水机制”激发创新[②]。ESG（环境 Environmental、社会 Social、治理 Governance）成为企业新刚需——真正的强者，从不单打独斗。

命运不是天注定，而是“人定胜天”的修炼场。破成见：打破“经验主义”“路径依赖”，重新定义游戏规则。炼领导力：用“乾坤圈”稳住根基，用“风火轮”冲破边界。团队协作：把“万龙甲”变成“竞

① 郑衡．华为“狼性文化”与人本管理思想的权衡 [J]. 北方经贸，2021（5）：133–135.

② 常馨之，柳卸林．腾讯：生态管理的领航者 [J]. 清华管理评论，2024（11）：96–103.

争力”，让组织的每个人都发光发热。正如哪吒所说：“若前方无路，我便踏出一条路。”

在不确定的时代，企业家的使命就是做那个“蹚路者”，为行业、产业蹚出确定的未来。

第二节 “魔童”为何要闹海

要搞懂《哪吒 2》的管理隐喻，就要厘清“魔童”为何闹海？这关乎命运模型的博弈与选择：“信天由命”还是“逆天改命”？

“魔童”为何闹海？这还要从《哪吒 1》说起。

天地灵气所化的“混元珠”被元始天尊分离为“魔丸”与“灵珠”。魔丸被施天劫咒，三年后必遭天雷毁灭；申公豹不满师门偏见将其调换，将魔丸托生于哪吒，灵珠则托生于龙族太子敖丙。

哪吒出生即被百姓视为妖魔而遭排斥，禁足家中。太乙真人授其法术引导其向善。孤独的哪吒与同样孤独且背负龙族复兴重任、隐藏身份的敖丙相遇，成为挚友。

哪吒三岁生辰宴上，申公豹揭露真相，哪吒父亲李靖愿以命换哪吒生机。为保龙族秘密，敖丙欲水淹陈塘关。最终天劫降临，二人肉身共抗天雷毁灭，魂魄被太乙真人以七色宝莲保住。

《哪吒 2》延续了《哪吒 1》的故事，影片中的角色都经历了显著的成长与蜕变。

哪吒与敖丙魂魄存于宝莲，太乙真人尝试重塑其肉身。申公豹误认敖丙已死，煽动悲愤的龙族水淹陈塘关复仇。混战中，敖丙为救哪吒牺牲。

为复活挚友，哪吒踏上寻找仙药“玉液琼浆”之路，却卷入仙界阴谋。阐教高层“无量仙翁”以升仙考核为名，诱骗哪吒降妖，实则是将妖族炼为仙丹，而龙族仅为仙界镇压海底妖族的工具。

哪吒与敖丙利用宝莲“一体双魂”特性协同作战，识破仙界谎言，从“救友”升华为“为苍生而战”。最终，哪吒、敖丙率领觉醒的人族、龙族、妖族联军，攻破象征仙界霸权的“天元鼎”。丧子醒悟的敖光助阵，三族合力打破天命枷锁，哪吒宣言：“若天地不容，我便逆转乾坤！”

一、“魔童”对抗的是谁

这个问题还需回到《封神演义》中关于哪吒的神话传说。

东海龙王作为海域统治者，长期利用神力制造大旱，导致百姓因饥荒而大量死亡。这种不作为，实为变相压迫，通过百姓被迫上贡祈雨的方式敛财，形成系统性剥削链。龙王派遣夜叉掳掠童男童女作为寿宴食材，突破道德底线。凸显神权对凡人生命的蔑视，成为哪吒行动的直接触发点。

哪吒先是斩杀了为非作歹的夜叉，又与龙王三太子敖丙激战，最终将其打死，并抽其龙筋。东海龙王敖光愤怒之下，联合四海龙王，陈兵陈塘关，欲以滔天洪水作为惩罚。

为了不连累父母和陈塘关百姓，哪吒选择“剔骨还父，割肉还母”，自尽而亡。其实他反抗的不只是龙王一家，而是整个“权力网”。

新电影中，作为总兵家的三公子，哪吒生来就活在一张密密麻麻的江湖网里。父亲是朝廷命官，大哥、二哥在仙界“挂职”，师父是昆仑山“特派员”。这个看似显赫的出身，实则枷锁重重，因为他是异类的“魔丸”，不在正统之列，且注定要有“天劫”。当他用混天绫搅动东海时，搅碎的何止是龙宫琉璃瓦，更是天权、父权、神权、海权织就的世俗权力密网。

哪吒的抗争，前期是闹海，后期则升华为“闹天”，因为他针对的不再是龙王，而是无量仙翁，是黑暗的天界，他要打破的，是那尊将被统治者炼成丹丸的天元鼎。

闹海“闹天”究其根源，在于所谓的“封建礼法”：剥削有理，反抗有罪！所以当哪吒喊出“去你个鸟仙，小爷是魔，那又如何？”“若天地不容，我便逆转乾坤”，闻者无不为之动容！不认命，就是最好的命！

二、神话与现实的呼应：企业家的“逆命”精神

哪吒作为神话 IP 所承载的变革精神，与当下企业家面临的全球性挑战形成深刻呼应。

1. 对旧秩序的颠覆性重构

哪吒在《封神演义》中通过“剔骨还父”反抗父权与天规，这与企业家突破传统商业模式、重构行业规则的行动逻辑一致。

2. “我命由我不由天”“若天地不容，我便逆转乾坤”的底层精神内核

电影《哪吒 2》中“逆天改命”的叙事，精准触碰当下企业家在红海中价格厮杀、技术（如 AI、新能源）革命和地缘政治剧变的突围渴望。

三、比亚迪："改变产业规则的哪吒"

1995 年，当王传福说要"用电池改变世界"时，很多人认为他是痴人说梦。

王传福的判断依据是三个 70%：中国 70% 的石油靠进口，70% 的进口石油过马六甲，70% 的石油用在交通运输上。① 这样的模式不可持续。

2003 年，当传统燃油车的发展还热火朝天时，王传福就决定发展新能源汽车。2006 年，其他车企还在争论"油电之争"时，比亚迪已经带着工程师蹲在县级市场研究充电桩布局，并推出了 F3d 电动车。2008 年，比亚迪在布局太阳能、储能电站②。2020 年，比亚迪推出刀片电池，重新定义了电动车的安全标准③。2023 年推出的易四方技术，更是实现了新能源汽车领域的全球领先④。

2024 年 10 月，比亚迪单月销量突破 50 万台⑤。比亚迪用了 15 年时间，完成第一个 500 万辆，而第二个 500 万辆仅用了 15 个月⑥。

---

① 比亚迪王传福：中国，72.3% 的能源、油依赖进口，这就很可怕 [EB/OL]. 网易，[2022-04-06].

② 拆解比亚迪储能帝国版图 [EB/OL]. 腾讯新闻，[2025-06-09].

③ 比亚迪王传福："刀片电池"将重新定义新能源汽车的安全标准 [EB/OL]. 腾讯新闻，[2020-03-29].

④ 颠覆性技术"易四方"正式发布全面革新汽车动力系统 [EB/OL]. 腾讯新闻，[2023-01-06].

⑤ 比亚迪 10 月销量首破 50 万大关，再创历史新高 [EB/OL]. 腾讯新闻，[2024-11-06].

⑥ 比亚迪 30 成立周年：第一个 500 万辆用了 15 年，第二个 500 万辆仅 15 个月 [EB/OL]. 腾讯新闻，[2024-11-19].

从 30 年前的小作坊，到如今年营收规模 8000 亿元、年盈利 400 亿元左右，比亚迪已经成为全球最大的电动车制造商之一，比亚迪的新能源汽车行销全球 96 个国家和地区，市值更是直逼千亿美元。①

比亚迪将在未来五年投入 1000 亿元研发，王传福说：“智能化是下一个三十年的核心，我们必须继续引领潮流。”②

比亚迪就像是改变产业规则的“哪吒”，全球汽车产业的“规则制定权”已悄然易主——这不是一场“价格战”，而是一场“技术与产业协同”的“逆天改命”。比亚迪的逆袭并非偶然，从手搓电池到智驾系统，从被嘲笑的“山寨厂”到全球新能源旗舰③，取势、明道、优术、践行，比亚迪书写了中国企业家的精神与传奇！

哪吒闹的是秩序、制度之变。

当下企业家也面临着“三界”之战。当前世界之变、时代之变、历史之变加速演进，旧的格局已在改变，而新的格局尚未形成。

四、大变局中的“变”与“不变”：企业的生存哲学

起始于英国的工业革命使工业化成为普世的发展范式，但传统工业化发展带来了不可再生资源过度开发和严重污染等问题，导致地球生态平衡被破坏和“温室效应”等后果，传统工业化发展范式

① 比亚迪的 30 年发家史，就是一部“敢想敢干敢坚持”的奋斗史 [EB/OL]. 腾讯新闻，[2024-11-26].

② 比亚迪王传福：智能化的变革更快，或在 2 到 3 年完成丨直击百人会论坛 [EB/OL]. 今日头条，[2025-03-29].

③ 王传福回顾比亚迪 30 年创业史：从手搓电池生产线，到销售、技术大爆发丨最前线 [EB/OL]. 腾讯新闻，[2024-11-18].

难以为继，必须向新的可持续发展范式转变。发展范式的转变涉及人类生产方式、生活方式、社会运行方式、文化价值标准的综合转变，是一场具有革命性变革的巨大变化。其方向是转向全球生态、生物多样性平衡的可持续发展方向。

但变局之中还有“不变”。尽管自由贸易和多边主义遭遇逆流，但经济全球化仍然是不可阻挡的大趋势。各国在经济上相互依存度不断加深，共享开放的大市场空间，参与和维护互利的供应链，以促进经济增长。无论发展范式如何转变，各国对发展的追求是不变的。发展经济、提高人民生活水平始终是各个国家的重要目标，只是在不同的发展范式下，实现发展的途径和方式有所不同。

《孙子兵法》强调“兵无常势，水无常形”，商业竞争同样需根据市场变化调整策略，以变应变，才能在竞争中立于不败之地。同时，要善于抓住不变的天道、规律、人性，坚守初心，以不变应万变，方能在变幻莫测的市场中无往不胜。坚守本质，把握“不变”的战略根基。“水因地而制流，兵因敌而制胜”，商业需求始终围绕市场需求这一“地形”展开。“知己知彼，百战不殆”，企业需持续研究消费者心理与行业周期规律。

比亚迪在 2022 年 3 月起停止燃油汽车的整车生产，犹如哪吒将血肉还给陈塘关——这不是牺牲，而是向死而生！

企业家真正的使命，是成为那个在秩序废墟上，用创新火种重写规则的点火人！

第三节 闹海的哲学意蕴与变局机遇

《封神演义》中哪吒“剔骨还父”的决绝，恰似企业断腕转型的阵痛——没有对旧周期的彻底告别，何来新机遇的浴火重生？

一、时代周期律[①]的哲学内涵

时代周期律是历史发展的客观规律，体现为社会形态、经济结构、文化思潮的周期性演变。其哲学本质如下。

辩证统一性：周期律并非简单的循环，而是螺旋上升的辩证运动。例如，农业文明向工业文明的转型，既包含对传统的否定，又蕴含着对生产力的继承与发展。正如哪吒从“魔童”蜕变为守护陈塘关的英雄，工业文明既摧毁了封建土地关系，又将农业社会的组织经验转化为工厂管理的效率工具。通过“逆天改命”的抗争，将混沌转化为秩序，正如工业革命在蒸汽机轰鸣中重塑了人类社会的秩序。

矛盾驱动性：周期律的根源在于社会基本矛盾的运动。生产关系与生产力的矛盾、经济基础与上层建筑的矛盾，推动社会从量变到质变，形成周期性更替。

周期律的本质是“破”与“立”的统一，否定中孕育新生。农业文明向工业文明的跃迁，本质是铁犁牛耕与蒸汽机的“风火对决”——前者被后者取代，但其“精耕细作”的经验却融入现代工

① 周期律：指事物发展变化中所表现出的规律性，尤其是在历史和科学领域中。

厂的流水线设计中。

历史必然性：周期律是历史规律的体现，但具体路径受偶然性影响。例如，工业革命首先在英国爆发，既与资本主义发展规律相关，也受地理、政治等因素制约。当生产力超越生产关系（如传统劳动制度），必然引发结构性震荡。缠绕起必然与偶然的历史经纬，“逆天改命”成为必然。

企业管理亦是如此，传统模式需要变革时，要顺势而为，敢于革新，自古都是时势造英雄，英雄又成就了时代。卓越的企业家向来都是时代的引领者。

二、机遇捕捉的哲学维度

机遇是时代周期律中的关键节点，其哲学意义如下。

主体能动性与客观条件的统一：机遇既是客观存在的历史条件（如技术革命、制度变革），也是主体能动选择的结果。捕捉机遇需在尊重规律的基础上发挥主观能动性。

必然性与偶然性的辩证关系：机遇的偶然性背后隐藏着必然性。例如，互联网技术的爆发是信息时代发展的必然，但具体企业（如谷歌、阿里巴巴）的成功则具有偶然性。

价值判断与实践智慧的结合：机遇的捕捉需基于对时代趋势的深刻洞察（价值判断）与务实行动（实践智慧）。强调反思与实践的统一。

优秀的企业家应该有一双“看山不是山，看水不是水”的慧眼，也就是透过现象看本质的洞察力与判断力，明白哪里是机遇，哪里是趋势，紧扼机遇的命运之喉，果断出击，顺势而起。

三、时代周期律与机遇捕捉的互动关系

周期律提供机遇的土壤：社会转型期（如工业革命、信息化革命）是机遇的密集期。制度变革期（如改革开放、全球化）为个体与组织提供发展空间。

机遇捕捉反作用于周期律：创新者通过技术突破加速周期律的演进，如蒸汽机推动工业革命。思想家通过理论创新重构周期律的逻辑，如马克思主义对资本主义周期律的揭示。

风险与机遇的共生性：周期律的转折期既是机遇期，也是风险期。全球化带来经济增长，但也加剧贫富分化与社会动荡。捕捉机遇需平衡风险与收益，体现“中庸之道”的哲学智慧。

捕捉机遇，于变局中开新局，新局不同于旧局。旧局是利润为王，赢者通吃，而人类文明演进到新的时代，企业家不仅要有管理经营的决策能力，更要有大爱情怀，因为企业行为天然的“经济负外部性”，必然要承担社会责任，这就要求企业家不仅要“说人话、办人事”，更要“有人味”！

四、哲学思考的实践启示

就像潮水有涨有落，时代周期律如同看不见的季风，悄然改变着机遇的分布版图。当蒸汽机的轰鸣声打破农业文明的宁静时，伦敦街头的马车夫们还在为每公里运费争执，殊不知铁路时代的到来即将让整个行业消失。拿着旧地图找不到新大陆！这种新旧周期的交替，总在看似寻常的日子里完成致命一击，又在废墟上建起崭新的机遇之城。

主动破局者就像冲浪高手，不仅顺应周期律的浪潮，更用创新加速着浪潮的奔涌速度。智能手机的普及让移动互联网时代提前到来，直播电商的兴起则重构了传统零售的底层逻辑。

外卖骑手手机里的接单系统、跨境电商仓库里的物流机器人、老年大学直播间里的银发讲师，这些鲜活的场景都在讲述同一个真理：看懂周期律不是要成为预言家，而是要在翻转的时代里找准自己的生态位，找到自己能力与周期律齿轮的契合点，这便是最好的生存策略。

从周期律的齿轮中读出文明演进的密码、创新与守成的智慧，就需要把握以下思维方式。

历史思维：把握周期律的规律性。通过研究历史周期（如康波周期、技术革命周期），预测未来趋势。警惕“历史终结论”与“技术决定论”的片面性。

辩证思维：在矛盾中捕捉机遇。在危机中孕育新机（如新冠疫情催生远程办公、数字经济）。在变革中求突破（如传统企业通过数字化转型获得新生）。

实践思维：将机遇转化为现实。强调“知行合一”，避免“坐而论道”，通过制度创新、技术创新将机遇转化为生产力。

时代周期律与机遇捕捉的哲学思考，本质上是关于历史规律与主体能动性的辩证统一。在全球化与科技革命加速演进的今天，个体与组织需以历史唯物主义为指导，既尊重周期律的客观性，又发挥主观能动性，在危机中育新机，于变局中开新局。

当外卖骑手的轨迹连成数字经济的神经网络，当银发讲师在直播间重启职业第二曲线，这些微小的个体正在演绎新时代的闹海：

他们不必挥动混天绫，却以每一次接单、每一场直播为槌，敲响旧周期的丧钟，锻造新机遇的钥匙。

这才是周期律最壮丽的启示：机遇永不消亡，它只从觉醒者的指缝流向行动者的掌心。

第四节 企业为何要破局

一、黑金童话：西方资本血蜜棋局

“黑金童话：西方资本血蜜棋局”这一表述深刻揭示了资本运作的残酷本质——它将财富与权力的攫取包装成光鲜的现代童话，实则暗藏剥削与精密算计。

（一）资本积累的“童话”外衣与真实内核

西方资本的原始积累常以“自由贸易”“文明传播”为名，实则充斥着掠夺与不平等交换。例如，英国东印度公司通过武力打击印度本土纺织业，垄断棉花供应，迫使印度成为原料供应地，这种“自由贸易”本质是对殖民地经济的摧毁与重塑。咖啡贸易史同样印证了这一点：欧洲殖民者通过控制咖啡种植园，将非洲、拉美劳动者变为廉价劳动力，形成“咖啡奴隶制殖民统治”的三角链条，与“黑金”（石油）背后的资源垄断异曲同工。

（二）资本游戏的“棋局”本质与规则操纵

西方资本通过控制规则制定权，将全球市场变为零和博弈的棋局。石油巨头与国家权力勾结，通过定价权、产能操控影响全球经济，如 1973 年石油危机中，OPEC（石油输出国组织）减产导致油价暴涨，西方经济体陷入滞胀。这种“棋局”中，发展中国家常被迫接受不平等条约，如 IMF（国际货币基金组织）贷款附加的政治条件，或跨国公司通过专利壁垒、技术封锁维持垄断地位，恰似棋局中“设局者”对“棋子”的操控。

（三）资本逻辑的“血蜜”悖论：甜蜜表象下的致命诱惑

资本以“发展”“现代化”为诱饵，吸引后发国家参与游戏，实则将其拖入债务陷阱或对其实行资源诅咒。例如，非洲国家依赖资源出口换取短期收益，却因产业单一化，经济抗风险能力极弱。这种“血蜜”关系在咖啡贸易中更为明显：种植园主以微薄的收购价剥削，而跨国品牌以高价销售终端产品，利润分配呈现极端不平等。

而今，一些国家和地区在特定领域和企业运营方面设定各类新规则，形成新的技术、贸易霸权。例如欧盟在 2018 年通过《通用数据保护条例》，科技企业在数据运用方面所受到的监管和限制显著加强；法国、英国、意大利等欧洲国家都曾积极推进数字服务税；2021 年欧盟发布全球首个人工智能法律框架提案《人工智能法》，对人工智能的应用进行了规范和限制；同年欧洲议会还通过了设立碳边界调整机制的决议，自 2023 年起将对欧盟进口的部分商品征收碳关税。这些规则形成了制定国 / 地区的行业主导权，提高了市场进入壁垒。

中国企业面对新的竞争格局，只有破局才能不出局。

（四）反思与超越：打破“黑金童话”的路径

技术自主与产业升级：避免陷入“资源换技术”陷阱，如中国通过自主研发突破芯片、航空发动机等领域的技术封锁。

文化解构与价值重构：揭露资本叙事的虚伪性，展现殖民史真相，或倡导“去增长”“生态经济”等替代性发展范式。

西方资本的“黑金童话”本质是权力与资源的不对称博弈。唯有打破规则垄断、实现技术自主、重构价值体系，才能终结这场“血蜜棋局”，走向真正公平的全球秩序。

二、全球化与科技革命的双重挑战

（一）外部环境的挤压

当前，中国企业面临的外部环境日益复杂。西方资本和技术封锁正从单一领域向全产业链延伸：从高端芯片、操作系统到高端制造设备，从市场准入到技术标准制定，竞争已从“效率博弈”升级为“规则重构”。企业家若固守传统路径，仅依赖规模扩张或成本优势，将陷入“低水平内卷”和“卡脖子”技术的双重困境。破局，成为生存与发展的必然选择。

（二）内部驱动的迫切性：从“追赶者”到“引领者”的转型

企业家必须跳出“成本效率”思维，转向“创新价值”逻辑：通过技术自主化、生态协同化和标准引领化，将竞争维度从“产品竞争”升维至“规则竞争”。这场转型的核心，是用“第一性原理”重构商业本质——不盲从既有市场逻辑，而是从用户需求、技术本质和产业规律出发，重新定义价值创造路径。

（三）面对行业“内卷”，破局迫在眉睫

低价“内卷”并不能带来销量和业绩的上涨，反倒使企业陷入

微利甚至是亏损，根本原因是产品供给出现过饱和，解决产能过剩的唯一出路就是产品与企业“出海”，这才是破局之道。

从“出海”到“航海”，从“走出去”到“走进去”再到“走上去”，不断推动模式迭代。

三、破局的底层逻辑：制度效能与企业家精神的共振

（一）制度效能的“乾坤圈”作用

中国独特的制度优势为企业家破局提供了“安全边界”。政策红利（如“专精特新”扶持、绿色转型补贴）通过“集中力量办大事”的机制，将资源精准投向关键技术领域；供应链韧性（如“中国 +N”布局）则通过“技术赋能 + 全球化备胎”对冲地缘风险。这些制度设计如同“乾坤圈”，既为企业划定底线，又为其试错创新提供容错空间。

（二）企业家精神的“风火轮”动能

破局的本质是打破路径依赖，而企业家精神则是推动变革的“风火轮”。在西方资本围堵下，企业家需兼具两种能力。

“逆天改命”的勇气：敢于在技术“无人区”投入长期资源，在市场不确定性中押注未来。

比亚迪好比改变产业规则的“哪吒”。

比亚迪也曾被认为是“国产廉价低端车”，2024 年，比亚迪从中国出口至欧洲的汽车需缴纳 10% 标准关税 +17% 反补贴税（合计 27%），当地劳动力、能源成本高，供应链配套不足，工厂投产后仍难以盈利，破局的关键在于调整产品结构，敢于在电动车技术“无

人区”以硬核技术重塑世人的认知，电动车不仅舒适，更是新技术的象征！攻破世界性难题，更让比亚迪成为全球首家达成第1000万辆新能源汽车下线的车企，刷新汽车历史，创造属于中国的传奇。

“规则重构”的智慧：用文化输出（如“人类命运共同体”理念）和标准制定（如新能源汽车技术规范）打破西方话语权垄断，将“被动防御”转化为“主动出击”。

四、破局的哲学基础：从“对抗”到“共生”的认知跃迁

企业家的破局并非简单地“与西方对抗”，而是以更宏大的视野重构竞争逻辑。

（一）对抗熵增：用长期主义穿透短期动荡

在资源有限的背景下，企业家需通过“机会成本”思维权衡取舍——放弃短期收益换取长期壁垒（如特斯拉的自动驾驶“数据飞轮”），或牺牲局部利益换取全局突破（如TikTok以数据主权换市场生存）。这种“动态博弈”能力，本质上是对抗市场熵增的“反脆弱”策略。

（二）借力传统文化：从“工具理性”到“价值理性”

中国传统文化中的“仁”“义”“和”并非过时教条，而是可转化为现代商业伦理的底层逻辑。

“仁”的担当：以用户为中心（如华为的芯片危机突围），将技术突破与社会责任结合。

“义”的约束：通过道德责任、社会信任和长期主义的结合，推动企业实现经济利益与社会效益的平衡。

“和”的共生：通过开放生态（如腾讯的产业互联网转型），打破零和博弈，构建多方共赢的产业网络。

五、破局的终极目标：在风暴中种树，在裂缝里开花

企业家的破局，最终指向的是“不确定中的确定性”——在西方资本围堵的“风火炼狱”中，通过制度效能与市场活力的“乾坤圈 + 风火轮”协同，将“被动防御”升级为“主动创造”。这种破局不仅是企业的生存之道，更是中国企业在全球化与科技革命浪潮中实现“逆袭”的关键逻辑。

对企业家个体：从“商业成功”升维至“使命驱动”，用家国情怀重构商业价值。

对产业生态：从“中国制造”跃迁至“中国智造”，用技术标准定义全球规则。

第五节　大变局中的闹海壮举

最近几年，中国在人工智能、数字经济、新材料等领域出现一大批闹海的英雄。

华为在 5G 技术领域持续深耕，以 3147 项[①]专利领跑全球，成为该领域的重要技术引领者；腾讯打造的微信生态，凭借丰富的功

---

① 资料来源：德国专利数据公司 IPlytics《5G 标准必要专利声明报告》（2024 年 1 月）。

能与广泛的应用场景，月活跃用户突破13亿[①]；比亚迪研发的刀片电池，技术领先全球；字节跳动旗下的TikTok，成为首个风靡全球的中国社交应用，月活跃用户突破15亿[②]；DeepSeek蒸馏技术实现了推理成本的指数级下降，在人工智能领域展现出强劲的竞争力……

还有更年轻的后浪扑面而来。

零跑科技股份有限公司创始人，用工程师的硬核逻辑打破行业壁垒；浙江启尔机电技术有限公司首席科学家团队研制首台套光刻机浸流系统，实现关键部件国产化替代；宁波永新光学股份有限公司董事长领衔国家重大科研仪器研制计划，突破超高分辨显微成像等一系列“卡脖子”技术；宁波激智科技董事长攻克光学膜技术瓶颈，助力国内液晶产业提升竞争力……

不再做追随者，而是要让世界看见“中国智造”的破局能力，新一轮闹海席卷全球，这一声势浩大的闹海壮举，驱动中国经济这艘巨轮，扬帆远航，乘风破浪，领驭时代，让世界聚焦中国。

工业门类“大而全”迈向“精而强”的机遇：我国拥有41个工业大类、207个工业中类、666个工业小类，是全世界唯一拥有联合国产业分类中全部制造业门类的国家。从钢铁、水泥等基础材料到手机、电脑等终端产品，中国制造已经渗透到全球价值链的各个环节。

经济转型与产业升级机遇：中国正处于从高速增长向高质量发展转型的关键阶段，类似于西方发达国家在20世纪中后期经历的“后工业化”转型期。但中国在转型过程中展现出独特优势，如从劳动密集型产业向技术密集型、资本密集型产业转型，大力发展高科技、

① 资料来源：腾讯控股2023年第四季度财报（2024年3月发布）。

② 资料来源：字节跳动内部财报（路透社2024年1月援引）。

绿色经济和现代服务业。这种转型不仅与西方发达国家历史经验相似，更因中国庞大的市场规模和政策执行力，使产业升级速度更快、覆盖面更广。①

技术自主与全球合作机遇：中国在科技创新领域正加大投入，推动自主创新，减少对国外技术的依赖。这一趋势与西方发达国家在 20 世纪末期的创新驱动发展战略相似，但中国通过集中力量办大事的制度优势，在 5G 通信、高铁技术、量子计算等领域已形成自主技术体系，并推动相关产业向全球价值链高端攀升。同时，中国积极参与全球技术合作，推动全球科技治理，为发展中国家提供了技术输出的新路径。②

全球治理与区域合作机遇："一带一路"倡议和亚洲基础设施投资银行等机制。在气候变化、数字经济等新兴领域，中国提出的人类命运共同体理念和全球发展倡议，为发展中国家提供了新方案。与西方国家主导的全球化模式相比，中国更关心发展中国家的利益诉求，推动了更公平的国际秩序构建。③

超大规模市场与内需潜力机遇：中国拥有 14 亿人口的统一市场，这种规模效应为产业创新提供了天然试验场。以数字经济为例，中国电商平台的用户规模和交易量远超欧美市场，催生了移动支付、直播带货等新业态。同时，中等收入群体扩大带来的消费升级需求，为高

① 刘瑞 . 中国产业转型升级：国际比较与前景展望 [EB/OL]. 人民论坛网，[2023-04].

② 123456，读懂总书记在科学家座谈会上的讲话 [EB/OL]. 求是网，[2020-09-12].

③ 共建"一带一路"：构建人类命运共同体的重大实践 [EB/OL]. 新华社，[2023-10-10].

端制造、文化旅游等领域创造了广阔空间。这种“市场驱动创新”的模式，与西方“创新驱动市场”的路径形成互补，为中国企业提供了独特的竞争优势。①

文化软实力与文明互鉴机遇：中华优秀传统文化中的“和合共生”“天下为公”等理念，为解决全球性挑战提供了东方智慧。通过孔子学院、国际电影节、中国文化年、海外中华文化中心、孔子文化节、尼山论坛及各类青年论坛等平台，中国文化的国际传播路径不断拓宽；同时，中国网络文学在海外市场的流行，反映了文化产品的创新传播能力。这种文化软实力的提升，不仅增强了国际社会对中国的认知，也为构建新型国际关系奠定了民意基础，使中国在全球文化竞争中占据有利地位。

当我们在国际舞台展现文化自信时，其实也在向世界输出“中国式管理哲学”，这种既扎根传统又拥抱变革的智慧，恰恰就是我们能在大变局中开创新局的底层逻辑。

“哪吒”们，靠着不服输、敢于颠覆、勇于改写规则的“哪吒精神”，正在全世界范围内上演破局闹海的大戏。

伟大时代必孕育伟大精神，伟大精神必源自破局壮举。

① 各方面深入实施《“十四五”市场监管现代化规划》进一步释放超大规模市场潜力 [EB/OL]. 人民日报，[2022-07-20].

第二章

三昧真火：破局的逻辑

三昧真火，是内化的力量与智慧。需定力如磐，觉知似镜，更需炼化的勇毅。

破局即重生改命，逻辑是托举新生的根基，亦是指引前路的北斗。

世界是卷浮世绘，一遍看风情，两遍看生死，三遍看玄机。

中国有的制造企业当下面临的问题主要体现在订单减少、管理老套和制度陈旧，其本质为模式落后。解决之道，唯有破局。

破局是打破固有系统困境，通过思维革新与行动突破实现跨越式发展的系统性能力，其本质是颠覆。颠覆不是打破一切，反对一切，而是不破不立，有破有立。破什么、立什么必须遵从基本逻辑，认清问题，稳准狠地解决问题。

企业家面对困局，往往心神不定，心浮气躁，病急乱投医，忙中出乱局。要修炼战略定力，每临大事有静气，把准问题症结，找到破局逻辑，练出自己的三昧真火，自是执坚披锐，所向披靡。

第一节　问题与逻辑

一、时代问题

当今社会已进入 VUCA 时代（不稳定性、不确定性、复杂性、模糊性），科技的指数级发展、知识的爆炸式增长、政治多极化与经济全球化的交织，使管理环境愈发动荡。

不稳定性：VUCA 时代的核心挑战在于动态变化的不可控性。部分组织的决策缺乏长期视角，过度依赖短期收益，甚至通过资源垄断维持“虚假繁荣”。

现实中，企业常因外部环境剧烈波动（如政策调整、供应链中断）而陷入被动，传统科层制结构如同天庭的等级制度，难以快速响应变化，导致了失控的风险。

不确定性：在这个充满变化的世界里，知识爆炸与信息碎片化加剧了不确定性。信息过载可能使我们困惑，专业知识的局限性可能影响我们的视野，如何面对信息不对称、知识无形化、不确定性和有限理性四大难题是对当下企业家的一大考验。

复杂性：VUCA 时代的矛盾往往呈现多维度交织。哪吒与敖丙的冲突不仅是“魔丸”与“灵珠”的对立，更是天庭、龙族、陈塘关民众利益的复杂博弈。现实中，企业需在技术迭代、客户需求、政策合规等多重压力下平衡利益相关者诉求，而传统的线性管理逻辑（如科层制命令链）已难以应对这种复杂系统。

组织中常见的“背锅侠”现象,往往源于权力与责任的错配。以《哪吒 2》中申公豹的角色为例，他被迫为龙族与天庭的矛盾承担后果，映射现实中中层管理者常被高层推上“替罪羊”位置。

模糊性：未来趋势的模糊性迫使管理从“确定性规划”转向“敏捷探索”。企业若仍依赖“标准化流程”或“权威决策”，将如同玉虚宫陷入“认知茧房”，无法感知真实需求与潜在风险。

二、从识局到破局的逻辑

VUCA 时代，系统性矛盾未被识别，个体价值被制度压抑，协作机制缺乏弹性。要破解这些困局，需从“识局”开始——通过系统思维洞察问题根源。要求管理从“控制”转向“赋能”，以“第一性原理”“逆向思维”“利益重构”“情感共鸣”等策略推动变革，在“规则约束”与“个体觉醒”间寻找平衡——既保留制度框架的稳定性，又赋予员工突破创新的自由,最终实现从“困局”到“胜局”的跃迁。唯有如此，才能在动荡中重构秩序，在模糊中开辟新局。

逻辑思维需要抽象能力，推理、分析和判断都建立在对问题本质的洞察之上。《哪吒 2》中蕴含着大量破局逻辑的管理隐喻，启示管理者需打破规则束缚，主动创造新的可能性。

破局逻辑是指通过打破现有困境、重构规则，形成系统性思维，甄选破局路径，实施破局计划，完成破局战略。

破局逻辑的基点及本质是模式迭代。

关键点：升维竞争——从产品功能竞争转向价值维度竞争；规则重构——颠覆行业既有范式；系统性思维——采用分解与还原、关联性思考等方法，识别问题本质并构建解决方案。

需把握如下几方面核心内容。

（一）反抗精神的现代映射：破除僵化与主动突围

挑战强权的勇气。哪吒对抗东海龙王的本质，是对资源垄断与规则压迫的反抗。当代企业面对技术垄断、市场壁垒时，须具备“搅动东海”的魄力。如新能源汽车企业突破传统燃油车技术封锁，借力政策与创新实现弯道超车、换赛道，这正像哪吒借助混天绫的力量打破东海禁锢，以工具创新实现破局。主动布局 AI、新能源等“火属性”领域，抢占技术制高点。

自我颠覆的重生智慧。哪吒的“莲花化身”象征企业需通过战略剥离实现重生。传统业务如肉身，需剔骨还父（剥离低效资产）；创新业务如“莲花”，需注入纯净能量（聚焦核心价值）。如柯达固守胶卷终至衰落，索尼则剥离消费电子转型内容生态，完成“数字化重生”。

（二）动态平衡的生存法则：对抗与和解的辩证统一

（1）竞合关系的战略调控。哪吒最终与龙王和解，隐喻企业需在竞争中构建生态共赢。垄断势力（如行业巨头）既是压制者也是资源方。企业可效仿华为“专利交叉授权”，以技术共享换取市场准入。对抗阶段以创新破壁垒，相持阶段以标准争话语权，和解阶段以生态谋共生。

（2）欲望与责任的能量调和。哪吒以“水火相济”降服龙王，对应企业需平衡商业野心与社会价值。资本无序扩张亦如龙王过度捕捞引发灾难。如腾讯“可持续社会价值创新”战略，将游戏收益反哺科研教育，形成商业向善的飞轮。

（三）工具化生存：从“法宝系统”到数字化基建

器物即修心的隐喻转化。乾坤圈→合规体系：如企业建立 ESG 标准，抑制“魔性扩张”，阿里通过数据安全认证重建信任。混天绫→敏捷工具：借力短视频、AI 工具放大影响力，仿效哪吒借法宝搅动格局。

（四）文化基因的战略赋能：佛道融合与全球本土化

破执与顺势的双修智慧。《哪吒 2》中给企业带来的启示是要突破路径依赖，如小米颠覆手机渠道模式；道家应天时抢占精神消费赛道，如《哪吒 2》IP 衍生品及周边产品开发收入或达 100 亿元至 150 亿元[①]。

①《哪吒 2》衍生品卖爆背后（上）｜收入或超百亿票房创纪录的《哪吒 2》撬动国漫 IP 产业 [EB/OL]. 红星新闻，[2025-03-07].

时代大变局下，企业当如哪吒——以勇气解构宿命，以责任锚定价值，以文化重塑叙事，以共生重构规则。最终在闹海般的混沌中，点亮属于自己的文化自信之灯。当企业以哪吒之心练就乾坤圈之稳、混天绫之变、风火轮之速，方能在离火大运中浴劫成圣。

第二节　破局与危机转化

一、危机中的风口与破局逻辑

哪吒从“魔童”到“救世者”的转变，象征企业在危机中通过颠覆性创新（如技术突破、模式迭代），化危为机，实现破局。

在复杂多变的商业环境中，企业既会面临危机，也会遇到发展的风口，危机中育新机就是这个意思。

企业面临的危机：企业面临的危机可能包括产品质量问题、竞争对手的攻击、企业丑闻等。这些危机可能瞬间对企业形象造成严重损害，甚至威胁到企业的生存。

企业遇到的发展风口：尽管面临危机，但企业也可能遇到发展的风口。例如，在大数据时代，石油企业可以利用大数据制定完善的经营管理模式，从入库、加油站选择、中途石油运输到市场定价，建立起一套动态完整的经营管理体系。

案例 1　叮咚买菜：社区团购[1]

危机背景：线下商超关闭，居民生鲜需求激增。

模式创新：推出“前置仓 + 即时配送”模式，将配送时效压缩至 29 分钟。

数据驱动：通过 AI 算法预测区域需求，精准调配 1.2 万名骑手，日订单量突破 100 万。[2]

场景重构：将“家庭厨房”转化为核心消费场景，用户留存率提升至 58%。

生态延伸：新冠疫情后拓展预制菜、鲜花等品类，GMV（商品交易总额）保持年增 40%。

叮咚买菜通过“共享员工”模式吸纳餐饮业闲置人力，3 天内招募 1.2 万名骑手。

本质：危机中的资源约束倒逼创新，要求企业以“非连续性思维”重构价值链。

案例 2　李宁：国潮崛起中的“品牌重生”[3]

危机背景：2012 年库存危机导致李宁关店 1821 家，市值蒸发 76%。

文化赋能：2018 年纽约时装周推出“中国李宁”系列，将汉字、敦煌壁画等元素融入设计，通过“国潮”满足 Z 世代文化自信。

① 叮咚买菜，还活着？ [EB/OL]. 智能 Pro，[2023-09-04].

② 2025 年，叮咚买菜将如何突围和进化？ [EB/OL]. 新浪财经，[2025-02-18].

③ 李宁巨亏 19.79 亿元 去年关店 1821 家 [EB/OL]. 人民网，[2013-03-27].

圈层突破：通过小红书、得物 App 触达 Z 世代，国潮系列销量占比提升至 38%。

价值重塑：从“运动品牌”升级为“文化符号”，产品溢价率提升 25%。

渠道变革：关闭低效门店，开设 120 家“李宁 1990”高端体验店，客单价突破 800 元。

本质：所有商业机会最终都指向人性需求，危机只是放大了未被满足的痛点。

案例 3　宁德时代：能源革命中的“技术突围”

危机背景：2016 年新能源补贴退坡，动力电池行业面临洗牌[①]。

技术押注：研发投入占比从 5% 提升至 15%，首创 CTP（无模组）技术，能量密度提升 30%。[②]

全球布局：在德国、匈牙利建设“灯塔工厂”，与宝马、特斯拉成立合资公司。

标准制定：通过“技术授权 + 本地生产”模式，掌握全球动力电池 42% 的市场份额。

生态构建：投资换电网络、储能系统，形成“电池回收再利用”闭环。

① 财政部 2015 年 4 月《关于 2016—2020 年新能源汽车推广应用财政支持政策的通知》[EB/OL]. 财政部政务微信号，[2015-04-22].

② 宁德时代 CTP3.0 麒麟电池来了，到底意味着什么？专家解读！ [EB/OL]. 和讯网，[2022-06-23].

案例4　传音控股：非洲市场的“本土化创新”[1]

危机背景：2015年非洲功能机市场萎缩，智能机渗透率不足20%。

需求洞察：针对非洲用户肤色研发深色人像美颜算法，推出“四卡四待”手机。

渠道下沉：建立10万个线下销售点，培训5万名“传音合伙人”提供售后服务。

成本优化：通过本土化采购降低30%成本，售价低于三星、诺基亚30%。

生态延伸：推出音乐流媒体Boomplay，用户数破2亿，形成“硬件+内容”闭环。

危机从来不是商业世界的意外，而是重构格局的必然。宁德时代的技术突围、传音控股的本土化生存，这些案例揭示：真正的破局者，不在于逃避风险，而在于将“危机”转化为“战略机遇”的转化力；不在于追逐风口，而在于创造风口的引领力。

中国企业家以“危机即契机”的智慧，书写着属于这个时代的商业传奇——他们用行动证明：危机中往往孕育着最耀眼的光芒。

二、变局本质

在当今快速发展的经济环境中，许多行业和企业都站在了风口，

① 资料来源：GSMA《2015年非洲移动经济报告》、Statista《2015年全球智能机渗透率报告》、IDC《2015年非洲手机市场追踪报告》。

面临着从资源依赖向价值重构的转变。

传统资源垄断型（如龙族）与制度套利型（如仙族）模式面临挑战，唯有“妖族式”“魔丸”边缘创新（如申公豹）和“魔丸”能突破路径依赖。

在当前的产业环境下，价值重构已经成为市场的主要议题，不再是单纯依赖资源（如土地、劳动力等）的投入。在未来产业整体高质量发展的大背景下，价值如何重构？

科技创新的重要性：科技创新是推动未来产业高质量发展的核心动力。它不仅包括新技术的研发，还包括对现有技术的改进和创新应用。科技创新能够提高生产效率，降低成本，提升产品质量，从而为企业创造更多的价值。

数字化转型：数字化转型是未来产业发展的另一个重要趋势。通过大数据、云计算、人工智能等技术的应用，企业可以实现更加精准的市场预测和决策，优化生产流程，提升客户体验，实现从资源依赖到价值重构的转变。

绿色可持续发展：随着全球环境保护意识的增强，绿色可持续发展成为未来产业发展的必然选择。企业需要在生产过程中注重节能减排，开发环保产品，实现经济效益和环境效益的双赢。

人才培养和团队建设：人才是企业最宝贵的资源。未来产业的发展需要高素质的人才队伍，企业应该注重人才培养和团队建设，激发员工的创造力和潜能。

商业模式创新：在价值重构的过程中，商业模式的创新同样重要。企业需要根据市场需求的变化，不断创新商业模式，提供更加符合消费者需求的产品和服务。

在未来产业整体高质量发展大背景下，价值重构是一个复杂的系统工程，涉及科技创新、数字化转型、绿色可持续发展、人才培养和团队建设以及商业模式创新等多个方面。企业需要综合考虑这些因素，制定相应的战略和措施，才能在激烈的市场竞争中立于不败之地。

第三节 破局与价值重构

人类社会发展的本质是由于生产力发展引发生产要素颠覆，从而导致生产范式嬗变，进而改变价值体系。所以“价值”的判断是变化的、动态的。

当前企业家的破局已超越传统意义上的“生存策略”，演变为对价值体系的系统性重构。这种重构的本质，是打破“成本效率”单一维度的竞争逻辑，转向以“创新价值”为核心的多维博弈。企业不再满足于填补市场空白，而是通过技术自主化、生态协同化和标准引领化，将竞争焦点从“产品替代”升维至“规则制定”。这一过程要求企业重新定义价值创造的底层逻辑：从依赖资源禀赋转向依赖认知跃迁，从追求短期收益转向构建长期壁垒。

数字经济和新一代信息技术引发的经济形态演化，实体经济与虚拟经济交织并存必然带来新旧思想的博弈，“价值”评价也必然走向“多元维度”。

一、价值的“多元维度”定义

（一）利润的“数学本质”

利润的“数学本质”其实是一道算术题，而价值的“多维定义”却像人生的选择题。利润的公式很简单，收入 - 成本 = 利润，在账面上写得清清楚楚，就像数学考试里的标准答案。但问题是，这道题只算了一半——它只关心钱，却不关心钱背后的人、社会和地球。金钱不是衡量万物的唯一尺度，金钱之外还有人文、人本及人性与自然的生态和谐。

当商业效率与人类福祉产生张力时，效率与公平失衡。

如何重构财富分配的底层逻辑，利润与价值的本质差异是一场“计算范式”的错位。利润的“数学本质”定义：利润 = 收入 - 成本（以货币为唯一计量单位），本质是资本效率的数学表达。

短视频平台通过算法让用户日均停留 70 分钟，广告收入增长 300%[①]，但用户注意力被碎片化消耗，心理健康问题激增——利润增长与用户时间价值“负相关”。利润涨了，但人的价值被透支了，精神被消耗了。

价值的“多元维度”就不一样了。它不是简单的收入减成本，而是把经济、社会、环境、伦理这些维度都算进去，再除以资源消耗。价值 =（经济价值 + 社会价值 + 环境价值 + 伦理价值）/ 资源消耗，本质是人类福祉的综合函数，这更像是在算“人生的综合幸福指数”。

---

① Kwai 风靡巴西，月活超 6000 万领跑市场，广告收入飙升 300%[EB/OL]. 和讯网，[2024-04-09].

特斯拉通过专利开放实现了“技术标准——输出市场——规模扩张——产业链控制”的战略闭环，其社会价值不仅仅体现在直接碳减排。

一对来自德国的夫妇在中国开的面包店，员工均为听障人士，几乎每年都在亏损，[①] 但员工幸福感提升，社区包容性提高了——钱没赚到，但人心暖了，伦理价值无法用利润衡量。

问题来了：为什么企业总是盯着“利润”这个算术题，却忽略了“价值”这道选择题？归根结底，是因为用错了“计算范式”。利润的公式里，资本效率是唯一标尺；而价值的公式里，人类福祉才是终极答案。

所以，企业到底该怎么破局？与其纠结“利润最大化”，不如学学“价值最大化”。别只算账面上的钱，想想产品和服务，是不是在帮人解决痛点、推动社会进步、保护地球生态。

当一个企业只懂算利润的加减法，早晚会被时代的浪潮拍在沙滩上；而那些懂得用“价值公式”做决策的企业，哪怕短期吃亏，最终都会被市场反哺——毕竟，真正的商业智慧，从来不是算计眼前的“八角钱”，而是创造能传给子孙的“长期价值”。

（二）利润与价值错位的四大根源

利润与价值错位是一个关键的经济和管理难题，指的是企业账面上实现的利润与它为所有相关方（股东、员工、客户、社区、环境等）创造的真实、长期、可持续的价值之间存在差距甚至矛盾。

---

① 德国夫妇弃高薪在中国开了家“无声面包店”，甘愿亏本经营 [EB/OL]. 齐鲁晚报，[2020-09-02].

这种错位的根源、具体表现和伦理困境如表 2–1 所示。

表 2–1 利润与价值错位根源、具体表现和伦理困境

根源	具体表现	伦理困境
资本逐利性	金融资本要求 ROI（投资回报率）≥ 15%，迫使企业压缩研发、外包劳工、规避环保成本	短期利润最大化 vs 长期社会可持续发展（如石油公司对气候变化的沉默）
市场定价失灵	清洁能源成本高但外部性收益未内化（如空气污染成本未计入燃油价格）	公共产品价值被低估（如森林碳汇、疫苗研发）vs 污染型产品利润虚高（如烟草）
技术伦理滞后	游戏算法通过“成瘾设计”提升用户黏性，导致青少年深陷游戏，与社会隔离，抑郁自闭	技术效率 vs 人性尊严（如社交媒体“点赞经济”对自尊心的侵蚀）
政策工具缺失	现在碳定价机制仅覆盖全球 23% 的温室气体排放量①，企业仍能通过污染获利	负外部性成本外部化 vs 企业利润正当性（如化工废水排放的“成本转嫁”）

（三）利润与价值对齐的伦理路径

（1）重新定义“价值”的计量单位经济价值：别只看“卖多少钱”，要算“全生命周期成本”。

不应只盯着产品售价，真正的“经济价值”需把从设计到报废的全流程成本都算进去。比如宜家推出“可拆卸家具”，虽然单件利润降了，但用户换零件方便，复购率反而涨了。这就是典型的“前期少赚，后期多赚”。这就是“生命周期成本法（LCC）”的精髓——

① 刘劲，于艾琳．碳税制度和碳交易体系各有优劣，可相互补充 [EB/OL]. 第一财经，[2022–11–30].

别只看眼前账本，得算大账！光看采购价不够，运维和报废的成本才是大头。企业要是学会这招，利润和用户黏性都能双赢。

商道中的“不变”内核，用户价值至上。无论是字节跳动的算法推荐，还是小米的生态链布局，其核心均围绕用户需求展开。正如雷军所言：用户在哪里，战场就在哪里。

长期主义思维。华为海思芯片“备胎计划”历时 15 年，投入超万亿元，最终在 5G 技术封锁中实现突围。这印证了“治世不一道，便国不法古”的改革智慧。

企业赚钱能不能和“救人”挂钩？英国有个监狱改革项目，企业投钱帮犯人减刑后就业培训，政府只在“再犯罪率下降”时才付钱——这就是社会影响债券（SIB）。比如投入 960 万美元改造纽约青少年监狱，如果再犯罪率降 10%，企业就能拿回钱[①]；降得越多，赚得越多。企业降低囚犯再犯罪率，政府按效果支付费用，企业利润与社会贡献正相关。

企业想赚钱，只看利润表还不够，还得看碳排放账本。比如微软承诺 2030 年实现“负碳排放”[②]，每排放 1 吨 CO_2 就得买等量碳汇——种树、碳捕集技术全上阵。我国重庆、青海推出“碳账户”，企业减排越多，贷款利息越低，甚至能拿到补贴。建立“碳账户”制度，企业每排放 1 吨 CO_2 需购买等量碳汇，倒逼绿色转型。

因此，做企业要多维度计算价值。

① 高盛拟向监狱投 960 万美元犯罪率下降可获回报 [EB/OL]. 深圳商报，[2012-08-04].

② AI 投下“碳炸弹”，谷歌、微软碳排放激增，气候目标岌岌可危 [EB/OL]. 环球零碳，[2024-07-19].

◎ **经济价值：**别光看卖多少钱，得算“全生命周期成本”。

◎ **社会价值：**用“社会影响债券”把利润和社会效益绑一起。

◎ **环境价值：**用“碳账户”把污染变成成本。

这三招加起来，企业才能跳出“只算钱”的陷阱，真正实现“利润与价值对齐”。就像子贡当年守墓六年、雕孔子像赚钱，赚的是“道义＋长期信任”，而不是“八角钱”。

（2）重构企业治理的伦理框架。企业的董事会就像个“资本俱乐部”——清一色的 CEO、财务总监、股东代表，聊的都是“怎么赚钱”。但问题是，赚钱的方式要是违背了社会共识或损害了环境，迟早翻车。

（3）重塑市场规则的伦理约束。反垄断 2.0：过去反垄断是盯着“大公司欺负小公司”，但现在问题升级了——算法垄断、数据霸权、平台操控才是新威胁。从“防大鱼吃小鱼”转变为“防大鱼搅浑水”。从“保护竞争”转向“保护价值创造”，禁止算法垄断、数据霸权。例如，欧盟《数字市场法案》要求科技巨头开放 API 接口，防止“数据孤岛”阻碍创新。这就像给巨头戴上“紧箍咒”，谷歌、苹果这些“看门人”要是敢用自己的数据优势打压竞争对手，直接开罚单——苹果就被罚了 5 亿欧元。①

外部性定价：过去企业污染环境、侵犯隐私、诱导成瘾，成本全转嫁给社会，现在得“自掏腰包”，征收“负外部性税”。例如，英国对含糖饮料征收“肥胖税”，税率与糖分含量挂钩，企业被迫改良配方。糖分降低，消费者喝得安心。这些过去被“免费”的代价，

① 欧盟根据《数字市场法案》处罚美国苹果公司和脸书母公司 [EB/OL]. 环球网，[2025-04-24].

现在必须自己扛。

价值投资革命：传统投资者看财报，ESG 投资者看“地球账本”。推动 ESG 投资从“风险规避”转向“价值创造”。例如，贝莱德集团（BlackRock）将“气候风险”纳入投资决策模型，[①]2023 年撤资高碳资产，把资金投向清洁能源、低碳技术——这不是怕风险，是主动选“长期价值”。

ESG 投资不是慈善，是“看得见未来的投资”。谁能在环保、社会价值上跑赢同行，谁就能在十年后笑到最后。企业想赚钱可以，但得先问问自己：赚的钱，是不是社会需要的。

（4）技术加速下的伦理挑战。科技的飞速发展无疑为人类社会带来了巨大的便利和进步，但同时也伴随着一系列的挑战和风险。因此，强调“科技可以飞速发展，但底线不能丢”这一观点是非常重要的。

AI 存在“利润价值”黑洞。例如，自动驾驶汽车出事了，它会怎么选？是优先保乘客，还是保行人？自动驾驶算法优先选择“保护乘客”而非“减少行人伤亡”，因为乘客保险费构成主要收入来源。解决方案是，建立“AI 伦理委员会”，强制算法通过“人类价值测试”，如 MIT 发起的《道德机器》实验，模拟各种伦理困境（比如电车难题），测试 AI 是否能在“钱”和“人命”之间做出符合社会共识的选择。就像新车必须通过碰撞测试一样，AI 算法也得过“道德观”。

元宇宙存在“价值剥削”陷阱。例如，某虚拟平台用户日均劳

① 方云龙 . 全球资管业应对气候风险创新 [J]. 中国金融，2025（01）：89–90.

动 8 小时赚取虚拟货币，但平台抽成高达 47.5%，[①] 引发“数字劳工”争议。用户像“数字劳工”，平台像“资本家”。更狠的是，用户想提现，还得凑够虚拟币，否则钱就卡在平台里。这其实就是“数字剥削”，用户贡献了劳动和创意，但收益全被平台收割。解决方案是，推行“数字权益共享协议”，用户可按贡献比例获得平台股权。比如你设计了爆款虚拟建筑，平台就得给你分红，这样一来，平台和用户就从“剥削关系”变成“合伙关系”。

生物技术存在“利润生命”博弈。基因编辑技术越发达，伦理问题越尖锐。例如，基因编辑公司申请“长寿基因”专利，定价 100 万美元 / 疗程，[②] 引发“基因不平等”恐慌。普通人根本买不起——有钱人越活越长，穷人只能“认命”。解决方案是，建立“人类基因公共资源库”，禁止商业化独占。这样一来，长寿技术不再是“富人的特权”，而是“人类的共同财富”。

科技发展的底线不仅是技术层面的问题，更是社会责任和伦理意识的体现。只有在遵循这些底线的前提下，科技才能真正造福人类社会。

尊重人类尊严和权利：科技发展应当尊重每个人的基本尊严和权利。例如，在人工智能和基因编辑等领域，必须制定明确的伦理准则，防止技术被用于侵犯隐私、传播虚假信息或进行歧视性行为。

环境保护和可持续发展：科技进步不应以牺牲环境为代价。科

① 抽成近 50%！ Meta 计划在其元宇宙项目中抽取虚拟资产费用 [EB/OL]. 每日经济新闻，[2022-04-13].

② 花 100 万美元就能年轻 20 岁？世界首例基因疗法逆转衰老付费临床试验获批准 [EB/OL]. 前瞻网，[2019-11-29].

技企业应承担社会责任，推动绿色生产和技术发展，为地球的可持续发展做出贡献。

隐私保护：在信息时代，个人隐私面临巨大挑战。科技企业需要加强数据保护措施，确保用户信息安全，防止数据泄露和滥用。

公平竞争：科技发展应促进公平竞争，避免信息垄断和不正当竞争现象。监管部门应加强对科技巨头的监管，维护市场公平。

避免科技滥用：科技的应用必须受到规范，防止其被用于非法或不道德的目的。

综上所述，"科技可以飞速发展，但底线不能丢"意味着在追求技术创新和进步的同时，我们必须坚守伦理和社会责任的底线，确保科技的发展能够真正惠及全人类，同时避免潜在的风险和负面影响。

二、从"利润最大化"到"价值最优化"

从工业时代的"利润最大化"向数字经济时代的"价值最优化"转型，本质上是企业管理范式的根本性突破。这种转型不仅颠覆了传统绩效衡量标准，更重构了企业的竞争逻辑和发展路径。结合历史对话与搜索结果，其核心突破体现在以下维度。

（一）目标转型：从单一财务指标到复合价值网络

1. 利润最大化的局限性

传统模式聚焦短期会计利润，依赖边际收益等于边际成本的静态决策模型，易导致资源过度开发、生态破坏（如个别地区"唯GDP论"造成的环境不可逆损害）。忽视利益相关方协同，难以适应现代企业“多边契约关系总和”的本质。

2. 价值最优化的系统性重构

生态经整合：通过“产业生态化、生态产业化”，将自然价值转化为经济价值（生态 + 特色产业），实现绿水青山与金山银山的共生。

多方价值平衡：企业价值需覆盖股东、债权人、员工、社会等利益主体，通过制度设计实现“利益制衡机制”，例如电力市场通过统一规则保障资源配置效率与公平。

（二）竞争升维：从零和博弈到生态共生

1. 工业时代的竞争逻辑

依赖规模经济与技术革新压缩成本，本质是存量市场的份额争夺。

2. 生态系统的共生逻辑

空间拓展：企业竞争从产品层面跃升至生态网络构建。如全国统一电力市场通过设施联通与规则统一，破除区域壁垒，激活跨省清洁能源协同。

协同进化：企业从“利润攫取者”转为“价值赋能者”。如湖北生态经济体系强调“政策创新 + 市场创新 + 技术创新”的三维联动，推动绿色生产力发展。

（三）实践路径：如何实现价值最优化转型

1. 制度创新先行

破除制约生产力的体制性障碍（如政绩观偏差导致的“一刀切”政策），建立“产业—生态”循环的制度保障。

2. 技术赋能共生网络

利用数字化技术（如电力市场智能调度系统）降低生态协作成本，提升资源配置精度。

3. 重构绩效评估体系

从财务利润扩展到“经济、社会、环境”三维指标。经济维度，长期价值替代短期收益；社会维度，民生权益保障（如禁养政策需平衡环保与农民生计）；环境维度，生态效益量化纳入决策（如绿色GDP核算）。

这一转型的深层意义在于：重新定义发展，从“掠夺式增长”转向“再生式繁荣”，将生产力解放（改革创新）与生产力保护（制度约束）结合；重塑企业角色，从价值链的“控制者”进化为价值网的“共建者”，从竞争升维至生态协同。

这一范式突破不仅是策略调整，更是文明形态的迭代——当企业成为生态系统的活性细胞而非孤立的利润机器，可持续的最大化价值才真正可期。这种转型本质上是对工业时代管理范式的突破。利润指标让位于价值网络的构建，企业竞争升维为生态系统的共生。

（四）商业文明的范式重构：从“资本逻辑”到“人类逻辑”

传统车企算的是“卖车能赚多少”；新范式车企算的是“卖车能减少多少碳排放、提高多少员工福利、保护多少自然资源”。

商业目标从“赚最多钱”变成“用最少资源创造最大价值”。

企业端：把ESG从“报告里的摆设”变成“决策里的硬指标”。企业将“价值创造”纳入战略KPI（关键绩效指标），而非仅关注财务指标。

政府建立“价值审计”制度，对高利润低价值企业征收“伦理税”。

个人通过“伦理消费”投票，用钱包投票。支持那些公开账本、敢晒“环境损益表”的品牌，重塑市场信号。

当企业摆脱“利润至上”的单一评价体系时，人类可能开启更具包容性的经济模式，真正走向“财富与福祉的共生时代”。

三、新经济形态下的价值标准扩展

新经济形态下，超越竞争战略被越来越多的人所接受。超越竞争战略最大的特点在于自强而不是攻敌之弱，其核心在于价值创新，即用创新创造出一种前所未有的价值，最终遥遥领先，获得价值垄断，实现不战而屈人之兵。

新经济形态下的价值标准正经历多维度的扩展与重构，其核心特征可概括为以下几个方面。

（一）价值构成要素的多元化

无形资产主导化：企业价值主体从有形资产转向无形资产，如品牌价值、专利技术、数据资产等。例如，苹果市值中，品牌价值与生态系统（App Store、iCloud 等）的贡献远超硬件制造。

人力资本核心化：人力资本成为第一生产要素，企业通过股权激励、创新文化吸引顶尖人才。例如，谷歌的“20% 自由时间”制度催生 Gmail 等创新产品，体现人力资本对价值的直接创造。

（二）价值创造方式的创新化

数字化赋能：数字化技术推动价值传递效率革命，如区块链技术实现供应链透明化，降低信任成本；大数据分析优化用户需求匹配，提升产品附加值。

跨界融合驱动：产业边界模糊化催生新价值空间，如“医疗＋AI”实现疾病早期诊断,“制造业＋服务业”转型为全生命周期管理，拓展价值链条。

（三）价值衡量标准的动态化

用户价值优先：从“产品功能”转向“用户体验”，如Netflix通过算法推荐提升用户留存率，其市值增长源于用户黏性而非单纯内容数量。

可持续性纳入考核：ESG成为投资决策关键指标，例如特斯拉因低碳技术获得资本溢价，而传统高污染企业面临估值压力。

（四）价值分配机制的共享化

平台经济普惠性：共享经济模式（如Airbnb、Uber）通过资源优化配置创造增量价值，参与者按贡献分配收益，颠覆传统雇用关系。

开源社区协作：Linux等开源项目通过全球开发者协作降低创新成本，价值分配基于贡献度而非资本投入，重塑知识产权逻辑。

（五）价值实现路径的全球化

全球资源配置：跨国企业通过离岸研发、跨境并购整合全球资源，如苹果设计在美国、制造在中国、市场在全球，实现价值最大化。

数字货币冲击传统：比特币等加密货币挑战法定货币体系，区块链技术推动去中心化价值交换，重塑金融价值标准。

（六）价值认知维度的扩展

观念价值崛起：品牌文化、用户体验等非物质因素成为价值核心，如星巴克通过“第三空间”概念提升品牌溢价，远超咖啡本身成本。

心理账户影响决策：消费者为“环保属性”“情感价值”支付溢价，如 Patagonia“反消费主义”广告吸引价值观认同者，形成独特竞争优势。

（七）价值风险结构的复杂化

网络效应双刃剑：平台企业享受规模经济红利，但需防范“赢家通吃”引发的反垄断风险，如欧盟对谷歌、苹果的高额罚款。

技术伦理约束：AI、基因编辑等技术突破需平衡创新与风险，如 CRISPR 基因编辑技术因伦理争议面临监管，影响其商业化价值。

第四节　机会成本

商业本质是什么？

商业的本质是“交易”；信息不对称和信用不传递，让交易过程遭遇阻力，所谓商业进步，就是用越来越低的“成本”克服阻力。

机会成本是经济学中的核心概念之一，指在资源有限的前提下，选择某一方案时放弃的其他方案中的最大收益。在机遇与挑战并存的场景中，机会成本不仅是数学计算，更是决策者对风险偏好、时间价值与长期战略的权衡。以下从理论框架、案例解析及应对策略三方面展开分析。

一、机会成本的核心逻辑

定义与公式： 机会成本 = 放弃的最佳替代方案的收益

示例： 若企业有 1000 万元资金，投资 A 项目可获利 200 万元，投资 B 项目可获利 150 万元，则选择 A 的机会成本为 150 万元（放弃 B 的收益）。

（一）隐性成本

时间成本： 选择 A 项目需 3 年回本，而 B 项目仅需 1 年，时间成本差异需纳入考量。

风险成本： A 项目风险更高（失败概率为 30%），需通过风险溢价调整收益预期。

（二）动态变化

市场波动： 若 B 项目所在行业政策突变，其收益可能从 150 万元降至 50 万元，机会成本随之降低。

技术迭代： 新技术可能使 A 项目被替代，导致收益预期下调。

案例：企业市场扩张的机会成本

场景： 一家消费品牌计划进入东南亚市场。

选项 A： 快速进入，抢占先机，但需投入高额营销费用（2000 万元）。

选项 B： 观望 1 年，待市场成熟后进入，但可能错失市场份额。

机会成本分析：

选项 A： 机会成本为资金占用成本（2000 万元若用于其他投

资可能产生的收益）。

选项 B：机会成本为市场份额损失（若竞争对手提前占领市场，后期进入成本更高）。

麦肯锡研究显示，先发企业平均占据市场份额的 40%，而跟随者仅能获得 25%。

但快速扩张的失败率也更高（如乐视生态化反战略的崩盘）。

二、如何降低机会成本

（一）信息透明化

通过市场调研、数据分析降低决策不确定性（如企业通过消费者画像预测市场需求）。

案 例 Netflix 通过用户观看数据决定自制剧投资方向，降低内容制作的机会成本。

（二）灵活策略

采用“小步快跑”模式，分阶段投入资源，如创业公司通过 MVP（最小可行性产品）验证市场。

案 例 字节跳动通过抖音国际版（TikTok）在东南亚试水，再逐步扩大投资。

（三）风险对冲

通过多元化投资、保险等方式分散风险（如企业同时布局传统能源与新能源）。

案　例　巴菲特通过投资能源、科技、消费等多个行业，降低单一行业波动的影响。

（四）长期主义视角

关注机会成本的时间价值，避免短视决策，如亚马逊长期亏损但通过云服务（AWS）实现盈利。

公式：现值（PV）= 未来收益 /（1+ 折现率）^{n}

（折现率反映资金的时间成本与风险）

案　例　特斯拉——自动驾驶的“长期主义”[①]

机遇：自动驾驶市场规模 2030 年将达 5500 亿美元，特斯拉 FSD（安全自动驾驶）渗透率不足 10%。

挑战：技术成熟度不足、监管风险、伦理争议。

纯视觉方案：放弃激光雷达（成本高，5000 美元 / 辆），选择“数据驱动”路线，机会成本为“短期安全性争议”，但换取“成本优势”。2024 年，特斯拉自动驾驶数据量达 200 亿英里，领先 Waymo10 倍。

FSD 订阅制：将 FSD 作为服务（199 美元 / 月）而非硬件（15000 美元），放弃“一次性收益”，换取“数据资产”。2024 年，FSD 订阅用户超 50 万，ARPU（平均每用户收入）值提升 30%。[②]

决策逻辑：通过“机会成本换时间”，以“数据飞轮”构建技术壁垒。特斯拉用“数据英里 / 美元”指标评估自动驾驶投入产出比，

---

① 资料来源：麦肯锡《2024 年全球自动驾驶行业展望》、IDC《2024 年全球自动驾驶市场追踪》、BCG《2024 年自动驾驶商业化路径》。

② 特斯拉估值面临危机：深度解析最新财报数据 [EB/OL]. 搜狐，[2025-03-17].

发现每增加 1 亿英里有效训练数据，事故率下降 4%～7%[①]。

三、机会成本的局限性

（一）不可量化因素

个人幸福感、社会价值等难以用货币衡量（如选择公益事业的机会成本可能是高薪工作，但社会价值无法直接比较）。

（二）认知偏差

沉没成本谬误：因前期投入而不愿放弃失败项目（如企业继续投资亏损业务）。

（三）损失厌恶

更关注放弃方案的损失，而非选择方案的收益（如投资者因害怕亏损而错过牛市）。

（四）动态复杂性

机会成本随市场环境变化而变化，需持续迭代决策（如新冠疫情期间远程办公工具的机会成本大幅降低）。

机遇与挑战的机会成本，本质是“选择的艺术”与“放弃的智慧”。宁德时代的技术路线抉择、TikTok 的数据主权博弈、特斯拉的自动驾驶豪赌。这些案例揭示：真正的战略家，不在于消灭机会成本，而在于通过“量化思维、动态评估、长期主义”将其转化为“比较优势”。

中国企业正以“机会成本”为标尺，在全球化、技术革命、产

① 资料来源：特斯拉《2023 年影响力报告》。

业转型的十字路口，书写着属于这个时代的商业哲学，他们用行动证明：所有的“放弃”，都是为了更伟大的“得到”。

四、在不确定性中寻找确定性

机遇与挑战的机会成本本质是对未来的认知。无论是个人职业选择、企业战略决策，还是国家政策制定，均需在以下框架中权衡。

◎ 明确目标：短期收益 vs 长期价值？

◎ 评估风险：失败概率与损失承受能力？

◎ 动态调整：根据市场反馈及时修正策略？

正如经济学家弗兰克·奈特所言：“利润的本质是对不确定性的回报。”理解并管理机会成本，方能在复杂世界中做出更优决策。

第五节　技术倒逼

技术倒逼的本质是规则重构的起点。西方通过技术垄断与产业链控制压制中国崛起，而中国企业传统的“后发优势”正逐步消退。若固守旧有路径，企业将陷入低水平内卷与“卡脖子”技术的双重困境。中国企业需以“硬科技”破局为核心，通过思维跃迁，在“从0到1”的突破中实现从生存逻辑向规则重构的跃迁，最终在全球价值链中占据主导地位。

比较优势红利式微，中国企业进入领跑时代，这个阶段拼的是“硬科技”与“软实力”，而“硬科技”是最难的，这是从“0”到“1”，技术破局，思维破局才能实现创新破局。

在产业升级中，技术进步常倒逼标准更新。例如家用电冰箱能效标准从 2015 版升级到 2025 版，大幅提高能效要求，迫使企业研发新技术，否则产品可能被淘汰。

中国科技发展正经历从“技术倒逼”到“技术赋能”“技术引领”的战略转型。

全球化与科技革命的加速推进,使企业面临的竞争从“线性扩张”升级为“非对称对抗”——西方资本通过技术垄断、产业链控制和文化话语权压制，试图遏制中国在全球价值链中的攀升。与此同时，中国企业传统的“后发优势”正逐步弱化：人口红利消退、模仿空间收窄、政策红利边际效应递减。若固守既有路径，企业将陷入“低水平内卷”与“卡脖子”技术的双重困境。

企业要破局，需要将资源精准投向关键技术领域，从“追赶者”向“引领者”转型，通过技术赋能实现破局的价值重构，从生存逻辑向规则重构跃迁。

一、技术赋能的必然性：从“追赶者”到“引领者”的跃迁

外部压力倒逼企业必须通过技术突破实现“自主可控”，内部转型需求则要求企业从“成本效率”竞争升维至“价值规则”竞争。全球化新规则下，技术标准制定权成为话语权的核心，企业需通过技术赋能打破西方主导的“技术——产业标准”闭环。这一过程的本质，是通过第一性原理思维和系统性创新，将技术从“工具”升维为“战略资产”。

二、技术赋能的核心逻辑：从“工具理性”到“系统重构”

技术赋能的核心在于回归第一性原理，穿透表象直击需求本质。例如，新能源汽车的“续航焦虑”本质是“能源补给效率”，而非单纯提升电池能量密度；技术赋能与风险对冲则要求企业在关键技术领域保留“冗余能力”，形成“技术护城河”。

同时，技术赋能需通过系统性创新实现从“点突破”到“链重构”。技术产业生态的协同是关键，例如特斯拉的“纯视觉自动驾驶”通过“数据飞轮”（用户驾驶数据反哺算法迭代）形成闭环。技术赋能的终极目标是参与或主导行业标准制定，推动中国在全球价值链中从“追赶者”向“引领者”跃迁。

三、技术赋能的实践路径：从“自主可控”到“生态共创”

技术赋能的实践需在“自主可控”与“生态共创”之间平衡。自主可控要求企业通过政策引导与资本投入，在关键领域建立“技术护城河”；生态共创则强调跨行业技术融合与开放生态构建，通过技术跨界应用（如 AI+ 制造、区块链 + 供应链）重构产业价值链。

此外，技术赋能需动态管理机会成本，在短期投入与长期收益间权衡。例如，宁德时代通过“技术赋能 + 全球布局”对冲机会成本，将磷酸铁锂路线的短期劣势转化为长期成本优势。风险对冲与容错机制的结合，则通过“技术 + 政策”双轮驱动，将政策红利转化为技术升级的动能。

四、技术赋能的哲学基础

“软实力”关键是维度提升，提升维度需要强大的文化积淀和深厚的管理哲学，博大精深的中华文化中蕴含的管理优势将获得空前的发挥空间。

技术赋能的深层逻辑是对抗熵增，通过长期主义思维构建“反脆弱”系统。企业家需以用户为中心，将技术突破与社会责任结合（如华为鸿蒙系统的“分布式架构”解决多设备协同痛点），体现儒家“仁”的伦理关怀。同时，技术赋能需平衡效率与公平，通过开放生态（如腾讯的“开放平台”）构建多方共赢的产业网络，践行儒家“和”的共生智慧。

技术赋能的终极目标是通过制度效能与市场活力的协同，将“被动防御”升级为“主动创造”。这种赋能不仅是企业的生存之道，更是中国在全球化与科技革命中实现“逆袭”的关键逻辑。

正如哪吒的呐喊：“我命由我不由天！”技术赋能的破局之路，本质是一场修行——所有的“放弃”与“突破”，都是为了在大变局中，让中国企业的“根”扎得更深，如此“果”才能更丰硕、饱满与甘甜。

第六节　文明共生

中华文化何以自信？以何自信？这种自信源于对中华文明生命力的清醒认知。中华文化自信的体现——不盲从西方框架，而是在历史积淀与现代创新中重构规则。

文明共生的核心，在于打破零和思维，以开放姿态推动规则重构与生态共创。中华文化何以成为文明共生的重要参与者？这种自信源于对中华文明生命力的清醒认知——不盲从西方框架，而是在历史积淀与现代创新中，与其他文明平等对话、互补共进。

一、文明共生的前提：文化自信的历史积淀与现代表达

“新封神榜”不仅是商业竞争的隐喻，更是文化话语权争夺的战场。影片中哪吒对抗“仙界规训”的勇气，正是中国摆脱文化自卑、重构文化规则的缩影。传统神话中的“封神榜”是权力与规则的象征，而现代语境下的“新封神榜”则是文化自信的具象化表达。文化自信不是盲目自大，而是对自身文明生命力的清醒认知、判断和恰到好处地践行。

文化自信是文明平等共生的基石。唯有对自身文明保持清醒认知，才能以不卑不亢的姿态参与全球文明对话。

（一）历史演进中的文化心理变迁

中华文化的发展经历了多个阶段，不同阶段体现出不同的文化心理。在明清时期，华夷文化秩序观中潜在的自我中心意识进一步蜕变成文化自大心理，致使中华传统文化走向闭关自守，失去了自我进化的历史机遇，最终由盛转衰。鸦片战争后，面对西方文明的强势入侵，中国人出现了文化自卑心理，进而引发了以文化自省为主题的新文化运动。在传统与现代、中学与西学及旧学与新学的激烈争辩中，中国人最终选择了马克思主义。此后，中华民族实现了从“站起来”“富起来”到“强起来”的三次历史性飞跃，再次树立了文化自信心。

文化自信不是盲目自大，唯我独尊，而是站立在传统文化基因上的文化自觉及其未来的无限可能性上。今日西方文化依然有着强大的生命力，很多地方依然具有先进性，需要我们文明互鉴。

我们的文化自信要建立在“知其然更知其所以然”的认知基础上，知人者智，自知者明；胜人者有力，自胜者强。

（二）文化自信的现代表达：从“破壁”到“破局”

《哪吒 2》的成功成为文化自信的生动注脚。中华文化无需依附西方叙事框架，通过中国自身的逻辑体系和话语即可表达“人类命运共同体”的内涵、价值、意义，把必要性和紧迫性讲得透彻、明了，赢得共鸣与认同。正如导演饺子所言：“我们要讲的是中国人理解的世界运行逻辑。”这种“自我定义”的底气，正是文化自信的核心。而“新封神榜”中的企业家与创作者，正以类似姿态打破零和思维，用规则重构和生态共生书写新时代的“封神”故事。《哪吒 2》的成功，是文化自信从“破壁”到“破局”的实践样本。

（三）传统文化基因的多维度支撑

这种对自身文化的深刻认知与反思，构成了文化自信的根基；而文化自信的树立，需要多维度支撑——《哪吒 2》从多个方面展现了文化自信。

在内容构思上，电影以传统典籍《封神演义》《山海经》等为蓝本，将哪吒与敖丙的魔丸与灵珠设定为一体，体现阴阳相生和人性善恶辩证统一，解构、重组传统元素；在文化符号运用上，让敦煌飘带、三星堆青铜纹样等文化符号被赋予叙事功能，让沉睡的文化基因在数字时代焕发新生。

在文化自信的现代表达上，电影将文化自信具象为角色对抗偏见的精神内核。哪吒等角色坚持自我价值，不迎合他者，体现文化主体性；在创作上核心制作团队本土化率达 95%[①]，以工匠精神完成特效镜头。在海外软件框架内实现技术突破（如申公豹毛发算法优化），体现工具自主适配能力。片尾众多中国动画公司联合署名，体现国漫工业化进程中的自信与自强。

在传承创新方面，影片通过技术赋能实现创造性转化，将传统哲学转化为可感知的视听语言，同时进行情感共鸣的普世化表达，将东方侠义精神转化为现代人对抗焦虑的精神图腾，还推动文化生态的系统性构建，形成全产业链开发的生态闭环，让文化符号融入大众日常生活。

文化自信的深层逻辑与历史发展、科技进步、文艺创作等多个方面相关。我们需要不断汲取历史经验，借助科技手段发掘文化内涵，通过文艺创作展现文化魅力，从而实现文化复兴，坚定文化自信。

具有文化自信的企业，能展示出独特魅力，吸引优秀人才的加入，并让员工产生认同感和归属感，从而愿意长期留在企业，为企业的发展贡献力量。文化自信能营造积极向上的企业氛围，使员工对企业的价值观和使命产生认同感和自觉性，更加积极主动地投入工作，发挥创造力，为企业带来新的思路和发展机会。自信的企业文化会得到外界的信任和认可，帮助企业在市场中树立良好形象，提高市场竞争力，增加企业的市场占有率，推动企业的持续发展。

---

① 资料来源：《中国动画产业报告》（2020）。

二、中华文明的独特基因：非神性与连续性的共生密码

中华文明五千多年源远流长，成为人类历史上唯一没有中断的文明。[①] 中华文明以“人本”为基色发展出天人协同、古今通变的特质，使中华文明成为原生文明中唯一连续体，构建了独特的文化基因。

（一）非神性因素在中华文明中的体现

1. 符号崇拜中的现实认知

从世俗伦理到实用信仰的文明底色。中华文明突破“神性依附”的宿命，传说时代即以先天八卦构建宇宙模型，又以“太极生两仪”的系统思维解释世界，形成“人能洞察命运”的文化自信。儒家“民惟邦本”思想（如孟子“民为贵，君为轻”）将治理根基置于世俗伦理，而非神权授权。

2. 功能性信仰体系

中国民间神明（如财神、送子观音）以解决现实需求为导向，而非“唯一真神”的终极审判，所以中国未发展出制度性一神教，中国人的精神一直保持着相对独立。例如，文殊菩萨对应教育诉求，土地神调解家庭纠纷，龙王对应风调雨顺。信仰与世俗生活紧密绑定，一旦世俗的目的没有达到，可能还会发生对“神”的审判，如“祈雨”未果，往往就会“鞭打龙王”。礼法合一的治理智慧：儒家将道德规范（如“三纲五常”）转化为社会制度，通过“家国同构”（如汉代“孝廉”选官）实现宗教与政治的共生。中华文明的非神性特质使其避免因信仰对立引发的宗教战争与文明断裂。正如《大禹谟》“天命无

① 习近平．在文化传承发展座谈会上的讲话 [J]. 求是，2023（17）：8.

常，惟德是辅”所言，中国人更相信“德行”而非“神意”决定命运，这种务实基因成为文明延续的关键。

3. 对人自身力量的重视

中华文明从早期就体现出对人自身力量的重视，而非将一切寄托于神灵。在农业诞生过程中，中原地区远古时代人们采用较为简易的石器、骨器或木制工具，进行地表清除，进而开展对野生植物的驯化与种植。这体现了人类通过自身的智慧和劳动来改造自然、发展生产的过程，并非依赖神灵的恩赐。

（二）连续性因素在中华文明中的体现

1. 历史传承的延续性

从考古发现来看，中华文明具有悠久的历史传承。如殷墟考古实证了文献记载的商代历史，以殷墟为支点，建构起夏商考古学文化的时空体系，为探究更早的文明提供了重要抓手。殷墟的发现和确定，是探索商文化、夏文化及上溯中华文明起源的原点和基石。甲骨文中蕴含着距今3000多年的殷商社会生活场景，[①] 展示了该时期汉字的原始面貌[②]，可据以追索中国上古史的未知，体现了中华文明在文字和历史记录方面的连续性。

2. 社会发展的连贯性

中华文明自夏商西周时期形成多元一体复合型社会结构，历经秦汉至明清时期的统一多民族国家建构，呈现出具有延续性与渐进

① 郭沫若．甲骨文合集[M]. 北京：中华书局，1978.

② 刘志基，朱葆华，王平，等．中国文字发展史[M]. 上海：华东师范大学出版社，2015.

性的社会发展脉络。这一历史进程既包含早期邦国联盟向大一统王朝的制度转型，又体现了农耕文明与游牧文明的互动融合，更通过礼制体系、经济基础与文化认同的持续演进，构建起中华民族共同体意识的历史根基。

（三）非神性与连续性的共生关系

1. 非神性促进连续性

非神性的特点使得中华文明更注重现实世界和人类自身的发展，这有利于积累知识和经验，促进技术和文化的传承与发展，从而保障了文明的连续性。例如，先民对农业生产技术的不断改进和传承，源于对自身劳动的重视和对自然规律的探索，而不是依赖神灵的干预，这种实践活动促进了文明在经济和技术层面的连续发展。

2. 连续性强化非神性

长期的文明连续性使得中华文明形成了一套稳定的价值观和认知体系，进一步强化了非神性的特点。在漫长的历史发展过程中，人们通过不断总结实践经验来解决问题，逐渐减少了对神灵的依赖，更加相信人类自身的智慧和力量，使得非神性的特征在中华文明中不断得以巩固。

中华文明的非神性与连续性共生密码在于其人性化的教化方式、深厚的连续性和持续的创新能力。这些特点使得中华文明能够在其他文明因神性冲突陷入割裂时，依然能够保持自身的完整性和活力，并为人类文明的多样性做出贡献。文明的连续性不在于神权的绝对权威，而在于对世俗需求的包容与转化能力。

三、变革精神：生生不息的内在动力

《周易》“天地之大德曰生，生生之为易”揭示了中华文明的变革基因。

中华文明的连续性不是静态固守，而是动态创新。从商周青铜器的“天命维新”到当代量子计算机“九章”突破，从贝币、铜钱到数字人民币试点，变革始终是文明进步的核心动力。在技术爆炸时代，这种“苟日新，日日新”的精神，将推动中华文明从“传统复兴”走向“现代创生”。

四、文明共生的实践场域：从商业互鉴到全球治理

（一）商业领域的文明互补

商业如河流，文化似河床。农耕文明的“义利之辨”与海洋文明的“契约精神”并非对立，而是互补——中国企业“走出去”既需坚守“诚信为本”的儒家伦理，也需掌握国际法律规则；西方企业进入中国市场，可借鉴“和合文化”化解劳资矛盾与文化冲突。这种文明互鉴，正在塑造“多元一体”“共生进化”的新商业文明。

这种互补在家族企业治理中尤为显著：德国博世以“家族宪法”分离所有权与经营权，新希望通过“股权不拆分”维系家族共同体，均是将传统伦理（宗法制度、差序格局）转化为现代治理工具，实现“本土基因”与“全球标准”的共生。

（二）全球治理的中国方案

“人类命运共同体”理念继承“天下大同”思想，以“和合共生”

替代“文明冲突”，在气候变化、AI 治理等领域推动国际合作。这种智慧源于中华文明“美美与共”的包容观——既不是“文明优越论”，也不是“文明虚无主义”，而是在承认差异的基础上，追求“各美其美，美人之美，美美与共”的共生境界。

第三章

莲花化身：破局之道

仙家法力妙难量，起死回生有异方。一粒丹砂归命宝，几根荷叶续魂汤。——《封神演义》第十四回

看透表象，守定本心，涅槃更生，关键在谨循破局之道的法则。

在迷宫里面，我们为什么找不到门？因为我们处于二维空间，一旦我们处于更高视角，比如坐上直升机或者站在楼顶看迷宫，迷宫的出口就会清晰可见。

企业管理也是如此，我们是“不识庐山真面目，只缘身在此山中”，你陷在问题里，自然难以解决问题，只有站在问题之外，才能更好地解决问题，这就是维度。你的思维边界，就是你成长的极限，思维是可以训练的，也是可以改变的，思维升级的极限，就是得“道”。

人性千年不变,道亦千年不变。当你开始用“思考”代替“习惯”，用“本质”代替“表象”，你会发现：原来困住你的从来不是现实，而是你对现实的“定义”。

低手内卷，高手破局。破局之道的本质就是升级维度，所谓“升维”，是打破固有认知维度的桎梏，从更高的视角重构问题，跳出“井中观天”的思维牢笼。

在当今复杂多变的市场环境中，企业面临着诸多挑战，创业过程中企业家常常会犯错、遭遇坎坷，甚至像哪吒面临“身死”的绝境。哪吒通过莲花化身，进行自我救赎并获取新生的机会。这也启发了当下身处困境的企业家要抛弃旧躯壳，以莲花为身，从而打破命运的枷锁。

打破命运的枷锁需要不断调整和优化管理内核，进行商业模式迭代、管理模式迭代。商业模式迭代：从市场垄断到生态共赢，管理模式迭代的决胜关键是要有一支高效的管理团队，愿景、使命认同，思想、理念趋同，行动、纲领一致，协作、配合主动，上下同欲者胜！

第一节 第一性原理

第一性原理是一种深度分析的方法，第一性原理是一种强大的思考工具，它要求我们从最基本的原理出发，重新审视和解决问题。这种思维方式鼓励我们从事实出发，将复杂的问题分解成最基本的部分，忽略现有的假设和传统做法，专注于问题的本质，基于基本事实和原理，重新构建问题的解决方案。

在分析问题时，必须从更高的视角出发，而不仅仅停留在表面现象上。即使是你亲眼所见的事物，也可能并非完全真实，因为人类的认知存在局限性。我们的感官只能捕捉到有限的信息，而世界上还存在着大量我们无法直接观测到的暗物质和其他未知领域。基于此，我们在做出决策和判断时，不能仅仅依赖于有限的知识和经验，而应更加全面深入地理解各种因素及其潜在影响。

一、从更高的视角出发

企业家能否在这个艰苦的环境中逆天改命？答案是肯定的，也是否定的。当外部环境充满变数时，盲目行动只会增加风险，匹夫之勇无疑如飞蛾扑火。

逆天改命者必须具备第一性原理的思维视角，具备高瞻远瞩、全息分析、把握趋势的洞察力、判断力和紧扼风口的能力，也就是能够将不确定性转化为确定性的能力。

高站位、大视角、仁德心是第一性原理的第一要素。

华为用“以客户为中心”的儒家“仁”精神，把芯片危机变成技术飞跃。这是一次“仁”的实践，企业以“仁者爱人”的精神，将技术突破与用户痛点结合。通过“以用户为中心”的研发逻辑，将危机转化为技术飞跃,实现从“产品替代”到“价值创造”的跃迁。在芯片封锁等挑战中,“仁”的担当体现为通过技术赋能与风险对冲，构建“技术护城河”，将外部压力转化为自主创新的动力，实现技术赋能与用户价值的统一。

海尔用“人单合一”的儒家“义”理念，把家电巨头变成全球物联网生态。企业在绿色转型中,通过技术赋能解决行业痛点。以“义”为准则推动产业环保升级，实现商业价值与社会价值的统一。

优秀的儒家文化不是枷锁，是让你在不确定的时代里活得通透、走得长远的“精神铠甲”！

第一性原理思维模型不仅是一种解决问题的方法，更是一种人生哲思。

突破表象，直击问题的核心——哪吒追问“天命为何不可改”，企业家追问“成本为何不可降”。哪吒的“反叛”本质是对“天命不可改”这一假设的否定。同样，企业家的第一性原理思维要求我们否定“行业规则不可破”的假设。正如哪吒所言:“别把我当妖怪，我是我自己的英雄。”它鼓励我们追求真理、勇于探索、不断创新。

保持谦虚学习的态度，洞察市场变化。企业家的修炼，从来不是在显微镜下雕琢细节，而是在望远镜中捕捉星辰。

在商业和创新领域，第一性原理展现出了强大的威力。例如，埃隆·马斯克就是第一性原理思维的忠实践行者，他深入事物的本质，从最基本的事实和原理出发重新构建解决方案。将第一性原理与波特的价值链理论相结合，可以产生意想不到的效果。价值链强调业务的基本逻辑和流程，而第一性原理则强调从最基本的事实和原理出发进行思考。这种结合可以帮助企业深入洞察价值创造的本质，摆脱传统价值链分析中的固有思维模式。

当前，企业的外部竞争环境异常激烈，市场竞争尤为严峻。在看待市场竞争时，不能仅仅局限于眼前的竞争对手，更要洞察潜在的竞争者和可能取代我们的新兴力量。

别光看“表面新闻”，得深挖背后的逻辑链。学会用“多维度观察法”，就像医生看病不能只靠听诊器，得验血、拍片、做核磁共振。做决策也一样——需考虑数据、趋势、人性、风险，一个都不能少。

例如，方便面销量断崖式下跌与外卖服务的兴起（2022 年中国外卖市场规模突破 1.1 万亿元①）有很大关系。它改变了消费者对便捷食品的需求。外卖提供的多样化选择与即时配送能力，直接冲击了方便面的市场空间。

这类案例揭示了一个规律：真正威胁企业生存的，往往是来自不同行业或技术领域的“非传统竞争者”，这就是迈克尔·波特五力模型②中的“替代品威胁”，外卖平台并非传统食品行业的直接对手，却通过服务模式创新重构了整个消费场景。

---

① 资料来源：艾瑞咨询《2022 年中国本地生活服务白皮书》。

② 波特五力模型：由哈佛大学教授迈克尔·波特于 20 世纪 70 年代末提出的理论模型，旨在分析行业竞争状况和制定商业策略。该模型包括五种力量：供应商的议价能力：供应商对价格和质量的影响；购买者的议价能力：消费者对价格和服务的影响；潜在竞争者的进入能力：新进入者对市场竞争的威胁；替代品的替代能力：其他产品对行业产品的替代威胁；行业内现有竞争者的竞争能力：现有企业之间的竞争程度。这些力量共同决定了行业的吸引力和企业的竞争战略。

这个世界最不缺的就是“聪明人”，最稀缺的是那些知道自己知识与信息、思维匮乏，却能拼命学习的人。这才是在乱世中杀出重围的终极利器！

在第一性原理思维的过程中，创建一个有效的反馈循环是至关重要的。这包括实施设计方案、观察结果、收集反馈，并根据反馈进行必要的调整和优化。这个过程强调了深入理解问题本质和灵活应对变化的重要性，是第一性原理思维在实践层面的核心体现。

谈及资源与机遇，这些要素本身并不具有决定性意义。真正的关键在于我们如何实现创新突破，如何通过递进式的自我认知——从初步认识到深度理解，最终达成清醒的自我判断。驾驭自我意识，正是实现这些目标的前提。

“真正的修行，不是让你变成谁，而是让你成为更好的自己。”不断打破自己的认知天花板。就像健身，你不是为了和别人比肌肉，而是为了让自己能扛住更大的压力。那些让你失眠的难题、让你焦虑的决策，其实都是在帮你“淬火”。

风浪越大，鱼虾越贵，也越能看出是“沉船”还是“万吨巨轮”。别怕慢，只要每天都在突破自己的边界，终有一天，会站在山顶上回望——原来所有风雨，都是给自己的勋章！

练就洞察第一性原理的慧眼，从而在面对复杂问题时能够迅速抓住问题的本质，找到有效的解决方案。

未来全球竞争格局正从效率导向转向规则主导权博弈，掌握标准制定权成为经济话语权的核心抓手。

二、底层逻辑的洞察力

“我命由我不由天！”哪吒的呐喊不仅是对宿命的反抗，更是对个体价值的终极追问。在大变局中，中国企业的逆袭同样需要这种“反抗精神”——不是对抗规则，而是重构规则。

中国在全球化与科技革命浪潮中的逆袭，不仅依赖规模与速度，更源于对底层逻辑的精准洞察：制度效能与市场机制的协同性、技术突破与产业生态的共生性、全球治理与文化输出的互促性。这种底层逻辑的突破，使中国在多个维度为人类现代化提供多元路径参照。

（一）技术突破：从追赶到引领

中国在新能源汽车领域形成“电池——电机——电控——整车”全产业链闭环，是对燃油发动机传统理念的颠覆，是用第一性原理对“汽车”概念的重构。

汽车是车轮带动的交通工具，安全、能跑、快捷、舒适是其本质，本质之外的一切均可改变！

不要发动机为何不可？只要解决动能就可以！电动技术同样能解决动能问题，而在这一领域，东西方都站在了同一起跑线，而西方不愿舍弃原有的燃油优势，自然对发展电动汽车踟蹰不前，甚至排斥，这就给了全球具备第一性原理思维的企业发展机会。

比亚迪、宁德时代等企业借此横空出世，短短十几年占据全球市场主导地位。而西方国家汽车巨头只能望洋兴叹！

互联网金融亦是如此，手机在手走遍神州，中国已进入数字支付主导时代。中国数字支付规模占全球50%，是因为5G基站数量占全球 60%[①]，互联网的普及，使全国的城乡村寨都实现了网上支付，全球遥遥领先！

（二）全球治理：从规则接受者到制定者

案 例 基础设施互联互通的战略价值：“一带一路”倡议推动中老昆万铁路、雅加达—万隆高速铁路等项目落地，为发展中国家提供“基建换市场”的新模式。而西方传统援助模式（如 IMF 贷款）常附加政治条件。

底层逻辑：中国通过“共商共建共享”原则重构全球价值链，而西方依赖“中心—边缘”体系维持霸权。

案 例 数字货币与金融治理的突破进展：中国数字人民币试点覆盖 29 个省市[②]，人民币跨境支付系统（CIPS）覆盖 107 个国家，挑战 SWIFT（国际资金清算系统）体系垄断。[③]

底层逻辑：中国通过“技术赋能金融主权”，而西方依赖美元霸权维持金融优势。

（三）文化输出：从文明互鉴到话语权重构

案 例 文化产品的“轻量化”传播：截至 2023 年年底，中国网络文学海外读者超 1.5 亿[④]，短视频平台（如 TikTok）成为全球青年

① 工信部赵志国：5G 基站总数达 383.7 万，全球占比 60%[EB/OL]. 通信世界，[2024-06-26].

② 资料来源：中国人民银行《数字人民币研发进展白皮书（2024）》。

③ 资料来源：跨境银行间支付清算有限责任公司（CIPS 运营方）《2024 年上半年运行报告》。

④ 资料来源：中国作家协会《2023 中国网络文学蓝皮书》。

文化社区。而西方文化输出仍依赖好莱坞、迪士尼等传统模式。

底层逻辑：中国通过“去中心化传播”降低文化门槛，而西方依赖“文化精英主义”导致传播效率下降。

（四）逆袭的核心：“中国范式”

制度与市场的协同性：中国将“有为政府”与“有效市场”结合，避免陷入西方“政府失灵”或“市场失灵”的困境。

技术与产业的共生性：中国通过“应用场景反哺技术创新”，而西方依赖“实验室到市场”的线性模式。

治理的包容性：中国倡导“共同但有区别的责任”，而西方坚持“普世价值”下的单边主义。

中国的逆袭并非简单复制西方路径，而是通过制度创新、技术突破、治理重构、文化赋能形成独特范式。这一范式既为发展中国家提供了替代性选择，也倒逼西方国家反思其全球化模式的局限性。未来，中国需继续深化对底层逻辑的洞察，在人工智能、绿色能源、太空探索等新领域巩固优势，推动人类文明向更公平、更可持续的方向演进。

这些都很好地运用第一性原理的发展思维：摆脱现有，开创未有！

第二节　变革组织

无论商业模式迭代还是管理模式迭代，都要求对传统的组织进行有序变革，调整存量，做优增量，以在变局中开创新局。

一、打造刚柔相济的组织

《哪吒 2》通过神话叙事与角色塑造，深刻诠释了中国式管理智慧中“动态平衡”与“破局创新”的双重特质。让我们从三个维度解读其文化隐喻与现实映射。

（一）制度刚性与人性化管理的辩证统一

制度工具创新：防护罩、乾坤圈象征刚性的制度约束，但莲花化身的设定又展现了救赎与变通，暗示现代管理中应避免制度机械化。

在现实中，我们往往限于程序正义与实质正义的悖论之中，比如哪吒升仙考核中的三次“捉妖”任务，实质上是制度执行的异化。土拨鼠、正道收容并教化的小妖们、石矶娘娘没有一个本质上是恶魔与坏蛋，就因为他们是妖，就要抓走被“教化”，而教化的结果就是被炼成仙人口中补充能量的丹丸。这种有罪推定，看起来很符合程序，但违背实质正义，隐喻了机械执行制度的危害性，必须有救济制度做弥补，否则贻害无穷。

文化认同构建：陈塘关百姓从排斥到接纳哪吒的过程，揭示了管理者需兼顾短期绩效与长期文化培育，通过价值观重塑实现群体认同。

哪吒的“我命由我不由天”是对标签化命运的反抗，暗合萨特“存在先于本质”的哲学观。在企业管理中，这意味着组织需尊重个体的自由选择权——通过“容错机制”鼓励员工试错，而非用僵化制度压制，这样会阻碍创新。

（二）传统智慧与现代管理的交融共生

神话原型活化：哪吒突破天元鼎的意象，对应现实管理中“传统文化资源现代化转化”的路径，如将“和而不同”理念融入团队冲突管理。

风险应对哲学：申公豹的灰色策略与龙族的系统性突围，折射出中国式管理中“底线思维”与“边缘创新”的耦合，既遵循制度框架又允许试错空间。

（三）韧性发展与战略定力的动态平衡

资源约束下的破局智慧：制作团队4000余人历时3年打磨特效的案例，印证了中国式管理中“集中力量办大事”与“长周期投入”的特性。

二、组织生态的多维度协同

代际价值传递：申公豹之父的隐忍与哪吒的反叛构成代际管理隐喻，提示现代企业需构建“传统经验传承”与“新生代创新”的对话机制。

跨界资源整合：影片特效技术融合中日动画基因的实践，对应管理中“垂直领域深耕”与“横向生态链接”的结合。

《哪吒2》揭示的中国管理智慧，本质是在“守正”与“出新”之间建立动态平衡：既需如李靖般坚守制度底线（守正），又要像哪吒般激活变革动能（出新），这种“太极式管理哲学”正是应对VUCA时代的中国方案。

管理启示：真正的破局韧性，源自对复杂性的包容性驾驭，而非单维度的对抗或回避。

中国五千年文化源源不断，中华文化的源动力在于——“生生之德”，在于实现止恶修善、完善个人修养和道德价值，其表现形式为“和合”。

中国管理这套“道”，光靠纸上谈兵没用，关键得落地。全新解读中国管理智慧，融入儒释道精髓使中国管理要素系统化、应用化，建立自有的理论体系与管理哲学；同时将理论在实践中验证，指导实践，实现管理效能的提升。这推动了中华优秀传统文化的再传承、再发展。

国内企业近年来在积极探索将儒家“和合文化”与道家“顺势而为”等传统智慧融入现代管理体系，并通过实践验证其有效性。

正如华为的“狼性文化”+“奋斗者协议”，就是把“修身齐家治国平天下”的儒学思想转化成了员工自我驱动的“内燃机”[①]；阿里巴巴的“合伙人制度”背后，藏着“天下为公”的理想[②]。海尔的“人单合一双赢”模式，表面上是让员工自己找市场，实则暗合了《道德经》里“无为而无不为”的精髓——老板不强行指挥，而是给员工自由发挥的空间，结果反而激活了整个组织的创造力[③]。这种“以道驭术”的管理智慧，就是中华文明五千年“生生不息”的密码。

为何纯粹的西方管理模式在知识经济里水土不服？因为他们那

---

① 黎红雷．从任正非看企业儒学与中国式管理创新 [EB/OL]. 深圳社会科学，2024（4），[2024–08–10].

② 探索“人类命运共同体”，阿里巴巴提供“中国方案”[EB/OL]. 团结湖参考，[2017–09–27].

③ 企业是人 文化是魂——张瑞敏于青岛市思想政治工作会议上的讲话 [EB/OL]. 海尔官网，[2013–04–05].

套“标准化流程”就像铁打的流水线，变不了；而中国式管理文化天生带着“弹性”——就像太极拳，看似柔软，实则能化解一切僵硬。现在小米、比亚迪这些企业，不都是靠“灵活应变”在国际市场上杀出一条血路的吗？

三、变革组织中的传承与鼎新

在当今快速变化的商业环境中，“传承”与“鼎新”是企业持续发展的两大核心要素。

传承，指的是对企业核心价值观、技术积累和市场经验的坚守与延续。它是企业在历史长河中沉淀下来的宝贵财富，为企业提供了稳定的基础。

鼎新，则是指对传统模式进行革新，通过技术创新、商业模式重构等方式，实现企业的转型升级。它要求企业具备敏锐的市场洞察力和敢于突破现状的勇气。

两者相辅相成，缺一不可。只有在传承的基础上进行鼎新，不断进行商业模式迭代，才能确保企业在变革中不失本色，在新时代的竞争中立于不败之地。

案例　同仁堂坚守核心价值与传统培养模式

对于老字号企业而言，传承经典是其生存之根。许多老字号凭借口碑“锁”住了一批老顾客，这一群体仍是消费的主力。

自1723年开始，同仁堂为清宫供御药，形成了一套严格的质量监督体系。

同仁堂重视人才的传承与发展，通过师傅带徒弟的方式培养

> 出众多技艺精湛的药师和专家，并且构建了“三年学徒、五年跟师、两年独立”的十阶培养体系。“构建‘金字塔式’人才梯队，覆盖基础员工至国药大师”，这种人才培养机制使同仁堂后继有人，人才济济。
>
> 坚守传统，而不忘鼎新，同仁堂成立科技公司和研究院，通过引入物联网、大数据、云计算等现代信息技术，引入现代化治理，激发全新的能量与潜力。
>
> 同仁堂智慧健康服务一体机（体验版）实现问药——购药——科普一站式服务。
>
> 同仁堂构建全球最大中医药数据库（含 10 万知识节点），AI 智能提供用药指导与健康管理。
>
> 2023 年年报显示，报告期内营收及净利润均实现同比两位数增长，实现营业收入 178.61 亿元，同比增长 16.19%，归母净利润为 16.69 亿元，同比增长 16.92%。

老字号的传承之路，本质是商业文明与工业文明的“哪吒式觉醒”——“风火轮”是传统与创新的螺旋上升；“乾坤圈”是规则与突破的动态平衡；“混天绫”是文化与科技的破界共生。

当前以物联网、云计算、人工智能、大数据、区块链等为代表的数字技术成为推动社会发展的核心动力。在此背景之下，企业组织变革必然是大势所趋，世界潮流浩浩荡荡，顺之则昌，逆之则亡。

以前的金字塔结构组织结构早已不合时宜，要打破企业不同部门、不同层级之间的信息孤岛、知识壁垒和技术壁垒，当下的企业组织要具备快速、高效、敏捷、及时的特征，这就需要打造虚拟企业组织、扁平型组织、智慧型组织、共生型组织。

企业组织变革与管理是一个复杂而又关键的过程，需要充分准备，全面动员，并制订严谨的步骤，包括但不限于制订数字化战略规划、建立跨部门协作机制、强化人才培养与引进、构建数据治理体系、引入组织架构模式等。

充分挖掘传统文化资源，阐发其新内涵、新精神、新价值，有利于组织变革，或者说以最小成本进行变革。传统文化通过理念融合与实践创新双重路径引领组织变革，核心在于将管理智慧转化为组织发展的内生动力。

只有如此，企业才能从陈旧的组织模式华丽转身，迈向数字化组织的卓越运营，稳稳握住未来发展的主动权。

风火轮象征着速度与力量，代表组织变革的动能与效率，而莲花化身则为他增添了救济与救赎，代表柔性的力量，能弥补刚性过猛而产生的致命风险。刚柔相济、传承鼎新、动态平衡、稳中向好、持续精进，才能破局涅槃。

第三节　构建创新文化

一、从口号到践行的文化管理

企业文化是一个企业的价值观、理念、文化、道德和作风等方面的总和，是企业在长期运营过程中所形成的一种具有独特特点和魅力的文化氛围和共同理念。它不仅反映了企业的历史、传统和特点，也直接影响着企业的发展和竞争力，是企业的灵魂和推动企业不断发展进步的力量源泉。

（一）柔性与刚性的动态平衡

柔性管理究其本质，是一种“以人为中心”的“人性化管理”，它在研究人的心理和行为规律的基础上，采用非强制性方式，在员工心目中产生一种潜在说服力，从而把组织意志变为个人的自觉行动。

“刚性规则”vs“柔性引导”：西方管理常靠 KPI、制度约束员工行为，而中国式文化管理更擅长用“润物细无声”的方式。比如阿里巴巴的“六脉神剑”价值观，不是写进员工手册的条条框框，而是通过“武侠文化”叙事，让员工主动将“客户第一”内化为行动本能，还能增加员工“侠义”担当。

“动态平衡”的实践：小米的“极致性价比”文化，既需要工程师在技术上“死磕”，又要销售团队在市场中灵活应变。这种“坚守核心价值观”与“灵活调整策略”的平衡，恰似太极中的“以静制动”，在坚守与变通间找到最优解。

“中西合璧”的实践创新：比亚迪的“零缺陷管理”融合了日本精益生产的“工匠精神”与中国“全员参与”的文化传统，既保证技术精度，又激活员工主动性。这种“文化混血”正是中国式管理的破局点。美团“铁军文化”中，骑手的“安全感”被纳入企业文化，通过“实时定位 + 保险 + 暖心驿站”构建信任纽带。这种充满温度的文化关怀，更能激发员工长久的归属感与忠诚度。

（二）文化管理的终极目标：让员工“自主觉醒”

“自主觉醒”不是简单的“服从文化”，而是员工在价值观内化后，自发地将文化转化为行动本能。这种状态体现为三层进阶。

第一层进阶：从“控制人”到“激发人”。像哪吒突破魔丸宿命一样，通过柔性管理释放潜能。华为每年举行“誓师大会”，用战旗传递仪式把“奋斗者精神”从口号变成文化记忆。

第二层进阶：从“执行文化”到“使命文化”。让员工明白“为何而战”。比如李靖夫妇为哪吒争取生存权，员工需理解自己的工作价值。比如比亚迪员工在研发新能源车时，不是为了奖金，而是源于“工匠精神”的职业信仰。这种“自主觉醒”，才是文化管理的最高境界。

第三层进阶：从“单一文化”到“多元共生”。在包容中创新，像哪吒和敖丙的亦敌亦友关系一样，在冲突中进化。阿里巴巴的“创新实验室”允许员工资源赛马、跨部门协作与容错文化，“失败保护”文化，即使项目失败也能获得“文化勋章”。这种“宽容失败”的激励，正是文化管理从“结果导向”走向“过程导向”的标志。

文化管理不是喊口号，而是通过诊断、设计、传播和迭代，让员工自发践行企业文化核心价值观。真正的文化管理，是让员工主动喊出“企业文化由我们自己定义”“企业准则由我们自觉践行”。这需要将“润物无声”的价值观培育转化为“立竿见影”的实践方案（表 3–1 和表 3–2），让文化像树根一样扎进组织的土壤。

表 3–1 文化管理的工具包：拿来即用

场景	工具 / 方法	案例
大型文化转型	文化变革六步法	IBM 从“硬件至上”转向“服务优先”
并购后文化整合	文化一致性评估	迪士尼收购皮克斯后保留“创意优先”
新员工融入	文化仪式设计	腾讯“新人破冰”活动传递协作文化
跨地域文化推广	文化大使计划	星巴克“伙伴文化大使”本地化传播

表 3–2 文化管理工具包:《哪吒 2》映射的可落地实践

管理场景	《哪吒 2》映射	可落地工具
打破偏见	陈塘关百姓对哪吒的妖魔化	匿名简历筛选、盲测评审制度
自主权下放	太乙真人“放养式”教育	华为“让听得见炮声的人决策”机制
价值观具象化	哪吒“我命由我”的抗争精神	阿里“六脉神剑”行为评分卡
柔性领导力	太乙真人“游戏化引导”	谷歌“20% 自由时间”政策
危机凝聚力建设	陈塘关百姓与哪吒共抗天劫	蒙牛因 OMP（造骨牛奶蛋白）成分争议面临舆论危机，通过事实辩解和价值沟通（如公开检测报告、强调企业社会责任）重建信任
文化符号再造	哪吒 IP 的现代演绎	企业历史数字化展厅、文化 IP 周边开发

二、从理念到落地的系统性框架：“破而后立”的创新文化

“破而后立”是一种商业创新思路，意味着在面对市场竞争和行业变革时，企业需要勇于打破旧有的模式，重新建立新的竞争优势。这种思路强调创新的重要性，并指出创新不仅仅是技术上的突破，更是文化和管理上的深刻变革。

构建“破而后立”的创新文化，意味着企业需要打破旧有的思维模式和工作方式，重新建立适应新时代要求的新文化和新机制。

（一）文化内核:“破”和“立”的底层逻辑

1. 破的勇气：砸碎三大“老皇历”

转型路径：别让盲点影响战略转移。柯达固守专业摄影市场，

忽视大众对即时分享的消费级需求，错失 10 年转型窗口期，最终倒闭。

组织惯性：别让流程和层级束缚。IBM 企业转型时，确立了“服务用户、方便用户、以用户为导向”的服务宗旨，让员工的关注点从内部的层级和流程转向了外部客户的需求，使决策更加贴近市场和客户。

认知边界：别让“传统认知框架”限行。苹果成功将科技产品转化为文化符号。这种价值迁移使手机突破工具属性，成为包含身份认同、审美表达、社交资本的多维载体。

2. 立的智慧：三种模式的构建

实验容错：机制的核心在于通过可控成本下的快速试错实现创新迭代。该模式的关键在于构建分级容错体系：既要有二维码式的错误修正能力，又要保持 Spark（火花）式的弹性恢复机制，最终形成螺旋式创新循环。

价值重构：小米通过价值链重构实现从“卖手机”到“卖生态”的商业模式升级，本质上是通过重新定义客户需求，将单一产品消费转化为生活方式构建。这种模式正在重塑制造业逻辑：从以“产品为中心”转向“用户数字化生命周期管理”，为传统企业转型升级提供参考路径。

生态协同：华为“铁三角”模式（销售 + 研发 + 交付）通过跨部门协同机制实现了生态协同与组织高效运作，其核心在于打破传统部门壁垒，建立以客户需求为中心的流程型组织。该模式的本质是通过组织设计将部门间“博弈关系”转化为“共生关系”，形成“前端需求拉动——中台能力支撑——后端资源保障”的协同生态。

3. 实施路径：四步打造“破而后立”文化

第一步：先摸底，找“破”的痛点。

工具：搞个“组织健康度摸底考试”。通过匿名调研看看流程的烦琐程度、决策层级的深度等情况。比如某银行发现，80% 的创新项目因为“怕风险”而被搁置，于是直接将目标定位为打造“风险可控的敏捷创新文化”。

文化禁区清单：把“不能说的事”列出来。比如“不允许失败”“必须按老方法干”这些潜规则，都是阻碍创新的“文化地雷”。

第二步：画红线，定“破”与“立”的边界。

破的规则：哪些能砸？（流程、制度、旧产品，比如砍掉低效部门）。哪些不能碰？（合规、伦理、核心价值观，比如不能为了创新造假）。

立的机制：建立创新孵化流程（提案——立项——资源分配——快速验证），比如腾讯的“赛马机制”——多个团队同时做同一项目，但必须通过“用户价值验证”这道关卡。

腾讯的“赛马机制”起源于 QQ 秀的诞生。当时市场部的新人提出一个看似“非本职”的创意，管理层却直接为其调配研发资源，最终孵化出现象级产品。这种“提案自由度”让创新不再局限于专业团队，而是成为全员参与的“文化运动”。

腾讯的“赛马机制”并非一开始就为某个团队“开绿灯”，而是根据项目进展动态调整资源。比如在微信的竞争中，三个团队初期获得相似资源，但随着用户反馈和数据表现出现分化，资源会向表现更优的团队倾斜。这种“动态资源池”设计，既避免了“赢者通吃”的僵化，又确保了资源的精准投放。

“用户价值验证”为关键门槛：所有项目必须通过“用户价值验证”这道关卡，否则即使技术再先进也会被淘汰。例如，某团队可能开发出更复杂的社交功能，但如果用户留存率低于竞品团队，仍会被终止。“用户不买单，仍会被淘汰”这种以用户为核心的价值导向，让创新回归商业本质。

“小步快跑”的试错逻辑：腾讯的“赛马机制”强调“快速验证”，即在产品未完全成型时就投入小范围用户测试。比如《王者荣耀》的“赛马”版本中，不同团队的产品可能在不同城市的小规模用户中同步测试，通过数据对比快速淘汰劣马。这种“战场思维”让创新从“完美主义”转向“敏捷迭代”。

“失败保护”机制降低试错成本：在“赛马机制”中，被淘汰的团队并非彻底失败。腾讯允许团队在项目终止后转投其他项目，甚至保留其核心成员的“二次创业”机会。这种“失败保护”设计，既避免了人才流失，又让失败经验转化为组织记忆。

第三步：用工具给创新装“加速器”（表 3–3）。

表 3–3　工具方法：给创新装“加速器”

场景	工具	案例
快速试错	最小可行性产品（MVP）	网易云音乐先上线“歌单推荐”功能测试市场反应
资源调配	创新预算池＋资源拼图	腾讯设立“探索基金”，让内部团队自由组队
跨部门协作	铁三角 / 敏捷小组	华为“铁三角”模式打破部门墙
文化渗透	故事化传播＋文化大使	字节跳动用“爆款案例”传递创新价值观

具体内容体现如下。

（1）**创新沙盒**：在“安全区”里大胆试错。

划出“试验田”：给团队划定资金、时间、合规范围（比如“3 个月 +100 万元预算”）；

临时权力下放：让跨职能团队自己决策，就像“沙盒游戏”里玩家自由操作；装个“紧急刹车”：3 个月没成果就自动终止，别让试错变成“无底洞”。

案 例 平安集团“金融科技沙盒”①，平安集团每年投入超 100 亿元用于科技研发，沙盒项目可获得专项预算支持。例如，截至 2024 年 12 月 31 日，平安科技专利申请数达 55080 项②，其中 30% 涉及金融科技沙盒相关技术。平安联席 CEO 曾在 2024 年业绩发布会上表示，“科技不是成本中心，而是利润中心”，强调允许创新项目在沙盒内“快速试错、敏捷迭代”。

（2）**文化黑客松**：48 小时极限挑战。

主题：直接甩出“破”的痛点，比如“怎么打破部门墙？”；

强制组队：销售 + 技术 + 客服一起组队，逼着大家“被迫跨界”；

不看创意，看落地：评委不看你想法多炫，只看能不能真落地。

案 例 阿里巴巴的“双 11 黑客松”直接催生了“直播带货”“预售模式”——48 小时干的事，比一年开会还管用！

---

① 金融科技公司可“入盒”，从监管沙盒扩容透视行业走向 [EB/OL]. 东方财富网，[2020-06-23].

② 中国平安位列 2025《财富》世界 500 强全球第 47 位，连续 16 年上榜 [EB/OL]. 平安官网，[2025-07-29].

（3）**失败案例库**：把“错”变成金矿。

强制复盘：项目结束必须交“失败报告”，不能只报喜不报忧；

分类归档：把错误分成“决策失误”“执行偏差”“外部风险”，方便以后避坑；

积分兑换：写得好还能换培训资源，让“错”变成“经验值”。

案　例　亚马逊有个“失败案例博物馆”，Fire Phone、Amazon Auctions 这些“翻车现场”都成了员工的学习教材——毕竟“别人摔的跤，咱学着走”。

第四步，沉淀与迭代。

文化内化就是一场“行为改造工程”——先让领导带节奏，再用符号和制度“洗脑”，最后让员工形成“不创新就浑身痒”的肌肉记忆。就像《哪吒 2》里说的“我命由我不由天”，真正的文化内涵，是让员工主动喊出：“破旧立新，我先上！”通过“KPT 复盘法”（Keep Problem Try）聚焦改进，形成“诊断——设计——落地——复盘”的无限循环。

（二）风险控制：别把“破”玩成“砸”

风险 1：别把试错玩成瞎折腾。

对策：设定“试错红线”。比如 3 个月内没结果的项目直接终止，避免资源浪费。

风险 2：别让创新变成内耗。

对策：用“创新 KPI”平衡业务目标。比如把“新业务收入占比”写进考核，逼着部门既保“饭碗”又搞突破。

风险 3：别让文化冲突搞崩团队。

对策：设立“文化过渡期”。比如微软纳德拉改革初期，先用“成长型思维”培训员工，再逐步推动变革。

风险 4：别让技术“破”了底线。

对策：用“伦理委员会”把关。比如谷歌在 AI 研发中设立伦理审查，确保创新不越界。

三、终极答案：破而后立，不是破坏而是重构

破：砸掉旧思维、旧流程、旧规则，但别砸了“饭碗”。

立：用新价值、新生态、新机制重建组织 DNA，但别建成了空中楼阁。

实施建议：

小步快跑：先从一个产品线、一个区域试点，别急着“全面革命”。

数据说话：用“创新项目存活率”“员工提案数”这些指标衡量效果。

死磕迭代：文化管理不是“搞一次就完”，而是“诊断设计落地复盘”的无限循环。

构建一个“自组织创新生态”——当员工像打游戏一样主动挑战现状、快速试错时，组织就拥有了真正的“破而后立”能力。

案 例 Netflix 靠“自由与责任”文化，允许员工自主决策甚至自主离职，但通过数据透明和高绩效标准维持秩序，硬生生从 DVD 租赁公司杀出重围，变身流媒体巨头。这才是“破而后立”的终极形态——既敢砸旧世界，又能造新宇宙！

第四节　商业模式迭代与嬗变

商业模式迭代并非颠覆性重构，而是对已验证要素的继承与优化。通过业务模式的稳定性传承价值创造能力，借助客户资源的持续性维系市场根基，企业可在变革中实现“风险可控的创新”。

站在时代风口，把握机遇，逆风飞扬，实现商业模式迭代与嬗变。

不同行业的企业都在时代的风口下，通过把握机遇、积极变革，实现企业模式的迭代与嬗变。正如哪吒脚踏风火轮穿越天劫，在混沌中炼就不败金身。企业应顺应市场趋势，结合自身优势，勇于创新，在不同的赛道上寻找新的发展机会。大部分的行业都会面临激烈的竞争，最后很多行业被迫衰退，或者转移到海外。每个行业发展都有自己的“套路”，正经历一场“大考验”。供需失衡的深层逻辑是：在需求端，城镇化进程推动人口向城市集中，曾为经济快速发展提供核心动力。在供给端，行业门槛过低导致大量企业涌入，盲目追求短期利润，最终形成“供大于求”的恶性竞争。

优胜劣汰是市场经济的自然规律，政策收紧叠加融资渠道收缩，加速了流动性危机，这一现象揭示了行业整体面临的严峻挑战。

刘慈欣在《三体》里说过“毁灭你，与你何干。”在这个时代，打败你的不一定是对手，也可能只是一个过路人。时代抛弃你，从来不会提前打招呼。

案例　摩托罗拉从辉煌到陨落的警示

摩托罗拉曾是全球通信行业的领军者，凭借其顶尖的研发团队、深厚的技术储备和广泛的市场占有率，一度占据全球手机市场的半壁江山。然而，今天的摩托罗拉已难觅踪影，其陨落并非偶然，而是对时代趋势误判的结果。

传承中的固步自封：摩托罗拉始终将产品定位为“通信工具”，而非“信息终端”。它执着于提升通话功能，甚至斥巨资研发卫星电话系统（如铱星计划），试图通过覆盖全球的卫星网络，实现“无论喜马拉雅峰顶、罗布泊无人区，还是茫茫大海，都能向家人报平安”的承诺。这种工业时代的重资产模式，虽然展示了摩托罗拉强大的技术研发能力，但未能跟上互联网时代的轻量化需求。

错失鼎新的机会：当信息传递的战场从物理信号转向数字生态，摩托罗拉的战略出现了致命缺陷。它未能及时认识到智能手机作为“信息终端”的潜力，继续专注于传统的通信设备开发。与此同时，苹果、三星等公司通过重新定义“通信”本质，推出了集多种功能于一体的智能手机，实现了对功能机的降维打击。摩托罗拉的陨落便成为必然——真正的竞争从来不是点对点的对抗，而是维度与维度的较量。

摩托罗拉败给了谁？不是爱立信、诺基亚，而是互联网！败给了 EMAIL、Skype、QQ、WeChat，败给了苹果、三星！苹果、三星不只是手机，而是“信息终端”平台！

现在很多企业仍认为竞争是与直接竞争对手之间的较量，但真正的挑战往往来自他们意想不到的维度，真正的危机往往藏在压根没注意到的地方。不妨看看哪吒与敖丙的故事：这对宿敌如果沉迷于彼此的对抗，最终可能两败俱伤。因为真正威胁他们的并非彼此，亦非龙族与人族的对立，而是超越族群界限的更高层次的危机。最大的竞争威胁并非来自现有对手，而是替代者——那些以创新方式颠覆行业规则的未知力量。

一、“传承→鼎新”的转化链条分析

摩托罗拉的案例揭示了企业在面对时代变迁时，如何从“传承”走向“鼎新”的重要性。以下是这一转化链条的关键步骤。

坚守核心价值：企业应明确并坚守其核心价值观和技术优势。例如，摩托罗拉在通信技术上的深厚积累，是其不可忽视的宝贵财富。企业应在传承这些核心能力的同时，保持开放的心态，积极寻找新的应用场景。

识别市场趋势：在坚守传统的同时，企业必须敏锐地捕捉市场趋势的变化。摩托罗拉未能及时意识到智能手机作为“信息终端”的崛起，导致其战略失误。企业应通过市场调研、用户反馈等手段，提前预判未来发展方向。

创新驱动转型：基于对市场趋势的理解，企业需要通过创新实现转型升级。这包括但不限于技术创新、商业模式创新和用户体验创新。摩托罗拉若能及时调整战略，加大对智能手机及相关技术的投入，或许能够避免被市场淘汰的命运。

构建生态系统：单纯的产品创新不足以应对复杂的市场竞争，企业还需构建一个完整的生态系统。例如，苹果不仅推出了 iPhone，还围绕其打造了一个涵盖应用商店、云服务、智能家居等多个领域的生态系统，某种程度上提升了用户黏性和品牌忠诚度。

二、改写行业规则的新能源汽车产业

技术驱动：动力电池能量密度从 2010 年的 0.1 千瓦・时 / 千克提升至 2024 年的 0.35 千瓦・时 / 千克①，充电时间从 8 小时压缩至 10 分钟（800 伏高压平台）②。

市场需求：中国消费者对“智能座舱”“自动驾驶”的付费意愿达 5000 美元 / 辆，推动车企将 L2+ 级辅助驾驶作为标配③。

双重驱动结果：比亚迪通过“刀片电池 +DMi 混动”技术组合，满足“低成本 + 长续航”需求，2024 年销量占中国新能源车市场 38%。

变革逻辑：技术突破降低使用成本，市场需求反哺研发迭代，形成“创新——盈利——再创新”飞轮。

传承，是对技术积累与市场规律的坚守，是“十年磨一剑”的定力；鼎新，是对技术路线与商业模式的颠覆，是“破而后立”的勇气。

新能源汽车，这是中国从“跟跑”到“领跑”的理念创新。比亚迪用电池技术打破传统燃油汽车规则，如同哪吒撕碎陈规。在信息文明时代，数字加工打破生产要素稀缺性假设，而新能源车正是“新质生产力”的缩影——用技术迭代取代资源依赖，降低破局成本，最终在红海市场中开辟蓝海。

---

① 资料来源：《节能与新能源汽车技术路线图 2.0》（中国汽车工程学会，2020 年）、《新能源汽车产业发展规划（2021—2035 年）》（国务院办公厅，2020 年）。

② 资料来源：中国电力企业联合会《电动汽车充电基础设施技术标准（2024 版）》。

③ 资料来源：工业和信息化部于 2025 年 4 月发布《智能网联汽车组合驾驶辅助系统安全要求》强制性国家标准项目意见，明确 L2 级辅助驾驶的技术规范和安全要求。

传承，是对内容基因与用户需求的坚守，是“流量红利”的延续。

鼎新，是对技术规则与商业模式的重构，是“价值跃迁”的突破。

中国短视频从“流量红利”到“创新红利”的颠覆：抖音用算法撕碎内容分发的旧秩序，快手用去中心化流量挑战传统电商的垄断，最终形成“技术破局——市场反哺——创新盈利”的盈利飞轮。

在不同的场景中，管理模式的迭代对于企业等组织的发展至关重要。随着社会的发展和企业的壮大，管理制度的迭代完善和流程优化成为企业发展的重要任务，健全与否直接关系到企业的运转效率和员工的工作积极性。

三、在迭代中寻找“第三条道路”

商业模式的迭代，本质是“鼎新”与“传承”的辩证统一。Netflix 的流媒体革命、比亚迪的开放生态、可口可乐的场景创新，这些案例揭示：真正的迭代高手，不在于非此即彼的选择，而在于将“颠覆性创新”与“延续性创新”融合为“第三条道路”。

四、鼎新与传承的动态平衡：从“非此即彼”到“和而不同”

经济变革的本质，是技术革命与市场需求、政策引导与资本流动的“双重交响”。新能源汽车的电池革命、短视频的算法重构、光伏产业的政策突围、集成电路的国产替代，这些案例揭示：真正的变革者，不在于单维驱动，而在于将“技术市场”“政策资本”的张力转化为创新动能。

中国经济的“双重驱动力”——技术创新与制度创新协同发力，正通过数字革命、产业跃迁与全球化新范式三个维度重塑发展格局，书写着属于这个时代的变革哲学。这种双重驱动力的哲学内核在于：通过技术革命突破物理边界，依托制度创新重构生产关系，最终在开放系统中实现发展能级的跃迁。正如低空经济从试验场走向普惠化的实践所示，中国的变革哲学不完全在于颠覆既有秩序，而是通过创造增量空间重塑全球价值坐标系。通过组织变革、技术创新和制度创新的协同发力，中国经济有望实现更高质量、更可持续的发展。

第五节　绿色与数字谱写“新神话”

《哪吒 2》不仅讲述了一个反抗命运的故事，还揭示了行业洗牌的过程，即新神登基与旧神退位的交替。这一隐喻反映了社会和文化领域中新兴力量的崛起和传统势力的衰退。电影通过这一设定，探讨了权力更替和社会变革的主题。

新神的登基代表了新兴力量的崛起，而旧神的退位则象征着传统势力的衰落。这一过程不仅在神话故事中有所体现，也在现实社会中频繁发生。新兴技术、新商业模式及新文化潮流的出现，往往会导致旧有体系的瓦解和新秩序的建立。

在当今时代，绿色可持续发展与数字化转型已成为众多企业发展的重要方向，二者相互融合，正孕育出一个个“新神话”。

一、“封神”之战

出海战役：

宁德时代的“电池护照”攻陷欧盟。

《欧盟新电池法》（2023 年 8 月生效）对动力电池提出三大硬性门槛。

（1）碳足迹全面披露（覆盖全生命周期）；

（2）最低回收材料比例（2030 年钴镍回收率 95%）；

（3）强制“电池护照”溯源体系（数据透明化）。

措施应对：

宁德时代需通过本土化生产、技术升级与闭环生态建设，突破欧盟政策壁垒。

数据溯源体系：参与全球电池联盟（GBA）试点，建立全生命周期数据库，涵盖材料出处、ESG 指标（如温室气体排放、童工调查）、拆解手册等。

零碳工厂认证：德国工厂获碳中和认证［电池碳足迹 35 千克 /（千瓦·时），行业平均 80 千克 /（千瓦·时）[①]］，满足欧盟碳关税要求。

闭环回收系统：2024 年回收废旧电池 12.87 万吨，再生锂盐 1.71 万吨，镍 / 钴 / 锰回收率超 99%[②]，支撑“电池护照”材料可追溯性。

绿电赋能：西班牙工厂利用当地太阳能，降低生产碳排放；印尼项目布局东南亚资源端。

① 资料来源：ICCT《全球动力电池碳足迹报告》（2024）。

② 资料来源：宁德时代《2024 上半年回收利用报告》。

技术输出：通过技术许可模式降低本地化生产门槛，与丰田、日产等深化合作。

市场份额跃升：欧洲市占率从 2024 年的 28% 提升至 2025 上半年的 35%[①]。

政策合规领先：匈牙利工厂本地化率 62%，成本较中国海运低 7 美元 / 千瓦 · 时，交付周期缩短 20 天[②]。

战果总结：

（1）技术标准主导。麒麟电池技术突破体积利用率 72% 的物理极限，充电 10 分钟续航 400 千米，搭载该技术的极氪 001 续航突破 1032 千米，直接改写欧洲电动车性能标准；恒储能系统实现 5 年零衰减，单箱能量 6.25 兆瓦 · 时[③]，成为欧盟储能市场新标杆。

（2）专利生态构建。截至 2024 年累计持有 4.34 万项专利，专利申请量连续五年全球第一，其中欧盟地区专利布局量超 3600 件[④]；通过德国慕尼黑法院对欣旺达发起专利禁令，开创中国企业在欧电池专利维权先例。

（3）地缘破局策略。控制全球 25% 锂资源并建立四大回收基地（锂回收率 91%），切断欧洲本土化供应链可能；该体系已使宁德时代占据欧洲规划电池产能的 40%，其 37.9% 的全球市占率中有 28% 来自欧盟市场[⑤]。

---

① 资料来源：SNE Research 全球动力电池装机量报告（2025.7）。

② 资料来源：宁德时代匈牙利工厂投产公告（2024.11）。

③ 资料来源：宁德时代《麒麟电池技术白皮书》（2023）。

④ 资料来源：《麒麟电池专利技术白皮书》（CATL 官网）。

⑤ 资料来源：宁德时代《2023 年年度报告》。

价值意义：

中国碳账户体系正通过“国际对标＋本土创新”的模式，逐步成为全球 ISO 标准的重要实践样本。这一进程不仅助力中国实现“双碳”目标，更将为全球气候治理提供“中国方案”。

二、“旧神”黄昏

高碳帝国的崩坏：钢铁厂的“生死劫”。

中国钢铁业的挑战：2024 年粗钢产量同比下降 1.1%，表观消费量下降 3.3%，企业陷入“高产量、高成本、低效益”困局，供需失衡。

铁矿石话语权缺失：受制于澳大利亚、巴西等国的矿商联盟，中国铁矿石进口依赖度高（权益矿占比仅 8%），普氏指数定价权被西方资本操控。

能源转型、碳中和压力与行业整合，正加速全球钢铁帝国从“高碳帝国”向低碳化、智能化转型，其过程如同文明的“黄昏”与重生。

三、“新神”登场

数字绿能双神谱：AI 是风火轮，绿电是混天绫。

（一）数字技术助力绿色转型与发展的体现

在能源结构变革、生产端和消费端节能减排等各个场景，都需要大量技术创新和应用推广，数字技术作为关键技术将发挥重大作用。

能源生产领域：数字技术提升源网荷储全环节协同互动的潜力巨大。

工业领域：可帮助传统行业降低能耗，实现精益生产。

建筑领域：可应用于设计、建设、运营等不同阶段，降低全生命周期的综合能耗。

交通领域：可提升交通网络的运输效率，减少碳排放，实现智慧交通。

碳管理方面：可在碳排放数据的获取、传递、存储、统计等方面提升精准性和便捷性，帮助实现碳资产管理和碳排放追踪的数字化。

（二）绿色与数字融合在不同领域的实践路径

1. 工业领域

在“2024 上海数字化绿色化协同发展论坛暨上海出口型企业绿色供应链管理研讨会”上，倡导企业建立绿色供应链体系。绿色技术与工业互联网深度融合，推动工业互联网绿色低碳发展。通过统筹绿色低碳基础数据和工业大数据资源，建立产品全生命周期绿色低碳基础数据平台，落实产业各个环节的减碳固碳技术，实现产业的全链减排。

2. 绿色通信与数字化农业结合

绿色通信是指在通信过程中，充分考虑环境保护、资源节约和能源效率等因素，采用环保、低碳、高效的技术手段进行信息传输和处理。数字化农业则是通过引入现代信息技术，实现农业生产全过程的信息化、智能化和精准化，提高农业生产效率和质量，降低资源消耗和环境污染。

借助绿色通信网络，农民能远程监控农田情况，及时发现并解决问题，还可实现对农业生产设备的远程控制，如智能灌溉、施肥、病虫害防治等，提高生产效率并降低环境污染。

案例 1　成都巴莫科技：数字产业绿色低碳发展案例

成都巴莫科技：用数字智能＋绿色能源的“组合拳”玩转低碳制造。

选址有讲究：成都巴莫科技把总部设在成都，这可不是随便选的地方——当地丰富的水电资源让公司从源头就走上了低碳路线，相当于给工厂装上了“绿色发电站”。

智能管家当家：他们开发了一套智能管家系统，实时监控能耗，还能用 AI 预判生产节奏，自动调节能耗。就像给 5G 基站装了个节能大脑，既能保证信号满格，又能让耗电量打个“七折”。

工艺大瘦身：更厉害的是他们的“工艺瘦身术”：把复杂的工序简化成几步搞定，用大设备代替小作坊式操作。比如高镍材料处理，直接把多道工序变成“一键直达”，既省时又省电，碳排放自然跟着“瘦身”。

案例 2　海尔：零碳“神殿”建造者

海尔中德绿色智慧园区作为全球首个综合能源服务样板项目和碳中和“灯塔基地”，通过数字化能碳管理与绿色技术融合，构建了高效用能与低碳发展的标杆模式。

三流合一管理。卡奥斯智慧能源总控平台整合能源流、数据流、碳追溯流，对电、水、气、热、压缩空气等能源的“产输配用”全环节动态监控，实现能源系统智能调度，综合利用率达 80%

以上。[①]

全场景覆盖。覆盖园区 13 万平方米屋顶光伏、燃气三联供设备、污水处理等场景，通过 AI 算法优化能源平衡，减少能源浪费。

清洁能源应用。光伏发电：总装机 13.5 兆瓦，年发电量超 1500 万度，减少二氧化碳 1.3 万吨；风力发电：3 台低风速风机年发电 4080 万度，减排 3.5 万吨。[②]

燃气冷热电三联供。综合能源效率超 80%，较传统系统节能 20%～40%，同时为周边园区供能。[③]

海尔中德园区的实践表明，数智化赋能与绿色技术深度结合，是实现工业领域碳中和的有效路径，为全球工业园区的低碳转型提供了可复制的“灯塔”范例。

案例 3 宇树：高毒禁区“清道夫”

宇树科技（Unitree）是一家专注于机器人研发的企业，其产品以“高危环境作业”为核心场景，通过仿生机器人、智能控制系统等技术，为核辐射、化学污染、深海等高风险区域提供“无人化清理”解决方案，被称为“高毒禁区的清道夫”。

福岛核电站：宇树机器人参与福岛第一核电站退役工程，执行高辐射区设备拆除与放射性废料运输。

化工厂事故响应：在某化工厂氯气泄漏事件中，机器人完成

① 资料来源：《海尔中德园区碳中和报告》（2023）。
② 科技创新加速“双碳”落地，海尔探索高质量发展新模式 [EB/OL]. 新华财经，[2022-03-21].
③ 打造全球首个碳中和“灯塔基地”[EB/OL]. 人民资讯，[2021-05-30].

气体浓度检测与泄漏源封堵，避免二次灾害。

安全替代：将人类从高危岗位中解放，降低伤亡率。

效率提升：机器人可24小时连续作业，适应极端环境下的高强度任务。

技术拓展：推动仿生机器人从“实验室”走向“实战”，为灾害救援、环境治理提供新范式。

案例4　强脑：医疗废能“终结者”

强脑科技（Neurala）是一家专注医疗AI的企业，其核心产品为“医疗AI大脑”，通过深度学习与多模态数据融合技术，为医学影像分析、辅助诊断、手术导航等领域提供智能化解决方案，被称为“医疗废能终结者”——用算法替代传统人工筛查，精准度与效率双突破。

在肺癌、乳腺癌、肝癌等早期筛查中，AI可快速识别微小病灶，缩短诊断周期。

分析糖尿病视网膜病变、心血管疾病等影像数据，预测病情进展并提供干预建议。

术中实时融合影像与解剖结构，辅助外科医生精确定位病灶，提升手术成功率。

通过海量病例比对，辅助医生识别罕见遗传病或复杂病症，降低误诊风险。

效率革命：替代人工重复性筛查工作，释放医生精力，聚焦复杂病例。

普惠医疗：AI系统可下沉至基层医院，缓解优质医疗资源分布不均问题。

成本优化：减少因误诊导致的二次检查与治疗费用，降低整体医疗支出。

技术扩展：从"影像 AI"向"全流程医疗 AI"延伸，未来或重塑诊疗流程与健康管理模式。

强脑科技的"AI 医生"如同医疗领域的"超级助手"，既终结了传统筛查的低效与误差，也预示着人工智能在医疗领域从"辅助工具"到"决策核心"的进化路径。

这些案例充分表明，数字化和绿色化协同能够助力传统产业转型升级，实现可持续发展。它们为各地区、各行业加快推进数字化、绿色化协同转型发展提供了重要的参考和借鉴。

第六节　文化、科技双轮驱动

技术是引擎，文化是导航，"魔童"破壁，"灵珠"赋能。

在存量市场中，企业家要想点燃创新燃料，实现突围，就必须依靠技术和文化双轮驱动。

一、哪吒与敖丙的合体裂变

哪吒与敖丙的合体裂变象征着创新融合的力量。在企业经营中，这种融合可以体现在多个方面。

1. 技术与文化的融合

将先进技术与传统文化相结合，创造出具有独特魅力的产品和服务。这种融合不仅可以提升产品的附加值和竞争力，还可以传承和弘扬传统文化。

2. 不同行业的融合

通过跨界合作和资源整合，实现不同行业之间的优势互补和协同发展。这种融合可以为企业带来新的市场机会和增长点。支付宝、微信支付突破金融基础设施瓶颈，拼多多“社交电商”模式激活下沉市场，直播带货（单场带货超 10 亿元）重构消费场景[①]。2024 年，中国电商交易额占全球约 42%,[②] 移动支付普及率达 86%[③]，远超美国（约 14%～30%[④]）。中国以“场景创新”弥补制度短板，通过数字化赋能实现商业模式迭代，形成“后发优势”。

3. 企业内部的融合

通过优化组织架构、提升团队协作能力和创新能力，实现企业内部资源的有效整合和高效利用。这种融合可以提升企业的整体竞争力和市场适应能力。

“技术是引擎，文化是导航”，科技与文化“双轮驱动”才能杀出重围！

---

① “双十一”电商大战开幕，李佳琦、薇娅首日预付款逾 10 亿，网红经济概念股连 High3 天，你买买买了吗？[EB/OL]. 中国证券报，[2020-10-22].

② 高盛 .2024 年中国电商销售额将增长 8% 至 1.7 万亿美元 [EB/OL]. 上海证券报 · 中国证券网，[2024-06-25].

③ 支付宝：推动移动支付创新以便捷支付提升消费体验 [EB/OL]. 人民日报，[2025-01-24].

④ 川观评论 . 提升支付包容性让外籍人士来华更便捷 [EB/OL]. 全国党媒信息公共平台，[2024-03-28].

二、科技革命与文化自信的融合与双轮联动

在当今时代，文化与科技如同车之两轮，鸟之双翼，相互促进、协同发展，推动着各行业的变革与创新。《哪吒 2》通过 3D 建模与粒子特效，将神话中的“山河社稷图”具象化为可触可感的奇幻世界。技术让抽象的文化符号转化为视听盛宴，赋予传统以现代生命力。这就是科技与文化的融合，相互赋能，就像《哪吒 2》中魔丸与灵珠的合体，科技与文化的融合成就了《哪吒 2》。

正如《哪吒 2》与 DeepSeek 的突破性进展所示，这两大支柱正推动中国迈向新的历史阶段——一个由文化软实力与硬科技共同支撑的复兴时代。

文化是软实力，科技是第一生产力；科技为文化赋能，文化为科技铸魂。科技若缺乏文化内核，易沦为空洞的工具；没有科技的文化，必然导致空洞、愚昧与落后。梁启超曾说过“无科技不足以强国，无文化则足以亡种”，只有文化与科技的“双向奔赴”“双向赋能”，才能激发澎湃动力！

三、科技和文化附加，成为支撑、影响、引领中国经济的核心力量

在科技赛道，人工智能技术，以深度学习、人形机器人等为代表的前沿技术，将重塑产业格局。新能源产业，尤其在新能源动力领域（如电动汽车），中国已实现对美国的“弯道超车”，成为全球领跑者。

在文化赛道，文化软实力的崛起，将成为中国在全球竞争中不

可忽视的战略支点。未来，文化资源丰富的区域（如黄河流域、长江流域、大运河沿线）将率先实现从“文化大省”到“文化强省”的跨越。文化力的核心价值在于：它既是区域发展的软实力，更是经济转型的硬支撑。那些能将文化基因与现代产业体系深度融合的地区，必将在全球文化竞争中占据制高点。

全球性挑战的背景下，未来支撑中国经济的最主要是AI技术（比如深度搜索、人形机器人），还有新能源等。这是我们在弯道超车中能够跑到前面的赛道。

经济变革的双重驱动力主要体现在技术创新与制度创新的协同作用上，二者共同推动经济结构升级与高质量发展。

（一）机器人跳起非遗傩舞：文化与科技融合的创新实践

湖南傩戏作为国家级非物质文化遗产，其传承面临年轻群体兴趣不足、教学资源稀缺等挑战。中国的科研团队开发出“非遗舞蹈教学机器人”，通过3D动作捕捉系统记录傩戏演员的舞蹈动作，结合AI算法对复杂动作进行分段建模，确保动作流畅性。同时，机器人外观融合傩戏面具元素，通过3D打印或柔性材料实现动态面部表情，增强文化沉浸感。在教学场景中，机器人搭载IMU传感器实时检测学习者动作偏差，并通过语音或触觉反馈进行纠正，配合AR技术叠加虚拟傩戏角色，形成“教——学——练”一体化模式，为非遗传承注入科技活力。

（二）技术引擎：智能机器狗守护文化遗产

在文化遗产保护领域，宇树科技B2机器狗搭载红外传感系统，成为敦煌石窟壁画修复的“智能助手”。机器狗通过热成像摄像头与可见光相机的双模态检测，精准扫描壁画裂缝深度与表层剥落情况，替代人工完成高危作业。更进一步的是，AI 缺陷识别模型可对壁画损伤进行分类（如“自然风化”“人为破坏”），生成修复优先级报告，而点云数据建模则支持壁画 3D 数字孪生，为虚拟修复预演提供数据支撑。这一技术不仅降低人工巡检风险，还为古建筑结构监测、考古勘探等场景提供扩展可能，推动文化遗产保护向智能化、数字化转型。

（三）融合成果：文化科技出海与产业价值提升

非遗机器人与智能机器狗的创新实践，已形成显著的经济与文化效益。非遗舞蹈教学机器人出口东南亚，单台溢价 300%（文化附加值），远超同类产品，技术授权模式成为新增长点，吸引海外开发者调用，技术授权费占营收的 40%。[①]

非遗机器人出口东南亚，针对东南亚华人社群的文化共鸣，团队进一步开发“南洋傩戏”融合版本，并通过 NFT（非同质化代币）数字藏品绑定实体销售，拓展文化 IP 变现路径。

未来，随着多模态大模型的引入，机器人将具备动态调整舞蹈风格的能力（如根据观众情绪切换傩戏“驱邪”与“祈福”场景），并依托全球开发者社区，推动非遗文化从“载体”升级为“共创”生态，为文化科技产业开辟新赛道。

① 资料来源：德勤《全球教育机器人市场报告（2024）》。

第七节　合体与裂变：战略联盟

假如灵珠和魔丸没有合体，结果如何？都会被炼成丹！

魔丸与灵珠一旦结合就成了混元珠，产生巨大能量就能对抗天劫和天元鼎！

混元珠以其独特的意象展现了魔丸与灵珠的共生关系。

如何破解企业的“天劫”？建立战略联盟，让灵珠和魔丸这两个“冤家”合体，渡尽劫波兄弟难，相逢一笑泯恩仇，产生能量的裂变。

“合体”隐喻战略联盟的资源整合，“裂变”隐喻价值再造。

战略联盟作为重要的企业组织形式，较早在工业界兴起，其涉及范围较广，又被称为战略合作、企业联盟、虚拟企业等，是指各联盟主体通过协议结成的优势互补、风险共担、生产要素双向或多向流动的合作组织。

对于企业而言，获取全新能量的加持最好、最便捷、最低成本的措施就是结成战略联盟“合体”！

魔丸与灵珠合体的管理隐喻还意味着企业之间建立战略联盟的必要性与紧迫性。

在电影《哪吒 2》的制作过程中，众多制作团队参与其中，本身就形成了一个大型的战略联盟，共同协作完成了这部作品。

《哪吒 2》的制作战略联盟，体现了战略联盟在现代项目和企业运营中的重要性。通过明确分工、高效协作、灵活应对问题以及运用合适的工具，能够更好地适应市场变化，创造更大的价值，实现项目的商业成功。

一、互补性整合：突破单一基因的局限

魔丸与灵珠的融合本质上是两种对立力量的互补。在企业管理中，这对应着不同企业通过战略联盟实现资源与能力的互补整合。

技术基因与市场渠道的互补：如 DeepSeek 以开源技术打破 AI 行业壁垒（魔丸属性），若与拥有成熟市场渠道的企业（灵珠属性）合作，可加速技术商业化。

创新活力与风险管控的平衡：初创企业（魔丸的激进性）与成熟企业（灵珠的稳定性）联盟，既能推动创新又能规避失控风险，类似电影中哪吒通过理性控制魔丸力量。

二、动态适应：应对市场环境的不确定性

魔丸与灵珠的合体隐喻企业需通过联盟快速适应变化。

应对技术迭代压力：如胖东来通过供应链透明化（灵珠的秩序性）建立消费者信任，若与数字化技术企业（魔丸的颠覆性）合作，可更快响应市场需求。

打破行业边界：跨领域合作可创造新价值，企业联盟需突破传统行业界限，构建跨界生态。

三、风险共担与机会共创的平衡

魔丸（风险）与灵珠（机会）的共生关系提示战略联盟需实现风险分散与机会捕捉的双重目标。

分担高成本风险：如 AI 研发需要巨额投入，开源联盟（DeepSeek

模式）可分摊成本。

共享市场机会：电影 IP 与商业品牌联名，通过流量共享扩大市场覆盖。

四、构建创新生态的紧迫性

市场环境加速变化（如技术革命、消费升级）要求企业以联盟形式构建生态。

对抗头部垄断：中小型企业通过联盟整合资源，对抗行业巨头。

响应政策导向：如绿色经济、数字化转型等国家战略需多方协作（类似灵珠的使命驱动）。

五、信任机制与价值观对齐

魔丸与灵珠的冲突最终通过共同目标化解，这映射联盟需建立信任基础。

透明化协作：胖东来的供应链透明与 DeepSeek 的开源代码，均通过信息共享减少合作摩擦。

文化融合挑战：需协调不同企业的组织文化（如魔丸的激进创新与灵珠的稳健运营），避免"成见大山"。

战略联盟的必然性与行动框架。魔丸与灵珠的合体启示企业战略联盟不仅是战术选择，更是生存刚需。企业需识别互补伙伴（如技术市场、激进保守组合），建立敏捷协作机制，设计风险共担规则（如金融领域的风险分层模型），强化生态黏性（通过数据 / 资源 / 品牌共享形成依存关系）。在全球化竞争与技术颠覆的双重压力下，企业若固守单体形态（纯魔丸或纯灵珠），可能面临被生态型对手淘汰的风险。联盟的紧迫性，正如电影中哪吒与敖丙的合体——不合则亡，合则共生。

战略联盟对企业的好处包括以低成本地进行资源共享、风险分担、市场拓展、技术创新、学习借鉴和提升品牌形象等。

联盟的“合体”是资源整合的初级形态，其核心目标是通过互补优势实现协同效应。这一阶段的关键在于打破边界、共享资源，并建立信任与规则的底层框架。

当联盟进入“裂变”阶段，资源整合的目标从“效率提升”升维为“价值创造”，其核心逻辑是通过创新与赋能，实现系统性突破。

破局成本的降低：通过联盟合作，企业可共享研发成本（如联合实验室）、分摊市场风险（如共同开拓新市场），降低创新门槛。

新质生产力的诞生：联盟通过“技术数据场景”的协同创新，打破传统生产要素的边界。

联盟的“合体”与“裂变”，本质是从资源整合到价值再造的辩证统一：“合体”是根基，是对资源积累与信任机制的坚守；“裂变”是跃迁，是对技术突破与商业模式的颠覆。

案例 1　雷诺日产：灵珠与魔丸的“共生式合体”

1999 年成立的雷诺日产联盟通过资本共享、技术合作和供应链整合实现了规模效应与成本优化。双方在保留独立品牌的基础上协同开发。这一模式避免了文化冲突，同时降低了研发成本，实现了各方的优势互补，共担风险、共享利润。

灵珠（日产）：日本精益制造基因→保留独立性（如自主决策）

魔丸（雷诺）：欧洲激进创新基因→共享技术平台（如 CMF

架构）

裂变成果：

合体后电动车研发成本下降 40%[①]；诞生全新品牌（如雷诺旗下 Dacia Spring）。

汽车界的“跨国资源整合”表明：合作不是要变成对方，而是要成为更好的自己！

案例 2　飞鹤哈佛脑发育研究联盟：从“技术输血”到“标准造血”

飞鹤与哈佛波士顿儿童医院共建脑发育研究联盟，聚焦遗传、营养及环境对儿童脑发育的影响，其中生命早期营养是核心研究方向之一。双方通过跨国研发合作，推动乳蛋白鲜萃技术树立全球品质标杆，实现从技术引进到参与制定行业标准的转型，成为中国乳业从“跟随者”到“引领者”的缩影。

一、合体阶段：引进技术筑牢基础（魔丸赋能）

飞鹤早期引进乳铁蛋白技术，为产品研发奠定基础。为打破国外技术垄断，后续与日本协和发酵生化株式会社合作，聚焦发酵乳铁蛋白提取工艺研发，并通过自主研发的“层析超滤技术”，成功实现乳铁蛋白国产化，降低对进口原料的依赖。

二、裂变跃迁：本土化创新与标准制定（灵珠本土化）

建立中国母乳数据库：自 2009 年起，飞鹤建立中国母乳数据库，并参与国家 863 计划等科研项目[②]，为配方研发提供科学依据，

① 资料来源：麦肯锡《汽车联盟降本效益中心》（2015）。

② 世界母乳喂养周丨飞鹤：“喂”爱守护，坚持“做母亲的事业 [EB/OL]. 新华网，[2024-08-07].

实现营养研究的本土化深耕。

参与制定新国标：依托长期科研积累，飞鹤在婴幼儿配方乳粉新国标制定中发挥重要作用，从技术追随者裂变为行业规则参与者。产品全面升级适配新标准，引领行业品质提升。

从“技术引进”到“参与标准制定”，不仅是飞鹤技术实力的体现，更折射出中国乳业的转型突破。通过平衡科研深耕与国际合作，飞鹤既为中国宝宝提供更科学、安全的营养方案，也为行业高质量发展铺设了道路。

第四章

肉身重塑：不同类型的破局路径

有了魂魄，还要有载体，肉身即道场。

破局有法则在前，路径选择为要。企业类型各异，破局之路亦不同——无分优劣，适配者便近成功之半。

破局逻辑以抗争精神、自我重构与文化觉醒为核心，以模式迭代为基点，既是对传统陈旧规则的彻底否定，也是对新秩序的主动创造。它源于“我命由我不由天”的宣言，映射到商业与社会领域，体现为对旧有体系的颠覆性挑战、对底层逻辑的重新定义，以及对个体与集体命运的双重重塑。其核心在于通过“破界”与“重生”的动态平衡，在混沌中定义“新正道”，推动文明向更高维度进化。

企业家守护底线、突破边界、以肉身重塑实现重生，肉身不仅是束缚，更是修行的道场。过去的肉身是负累，七色宝莲不仅是重塑肉身的工具，更是东方文化中“灵肉合一”的象征。重塑肉身，意味着命运重启，也是从“逆天改命”到“新定天命”的跃迁，人类的文明也在不断革新中演进。正如哪吒的呐喊——“我命由我不由天”，真正的颠覆者，是时代的“破界者”，在混沌中执掌火尖枪，在星辰大海中点燃新文明。

在实践路径上，“破局”可分为三重跃迁：破界、共生与进化。由于不同类型的企业所面临的困境、危机不一，各类企业资源禀赋不同，破局没有标准路径，选择有效破局路径的关键是：适合。根据中国企业普遍面临的问题，破局路径大致分为 4 类。

（1）非典型申公豹式逆袭适合资源受限但需快速突破的场景，但可能导致价值观异化，引发风险。

（2）经典型哪吒式颠覆适用于需要根本性变革的领域，但需承担高风险。

（3）中典型敖丙式重生强调系统性协作，适合复杂生态中的渐进转型。

（4）华典型李靖式精进则以稳健见长，适合长期主义但需避免保守倾向。

企业可根据自身所处行业、资源禀赋及战略目标，选择适配的破局路径或组合策略。

第一节　非典型申公豹式逆袭

“人心中的成见是一座大山”，这句话不仅是《哪吒 1》中的经典台词，更成为解读申公豹形象蜕变的注脚。

申公豹出身妖族，而仙界向来以出身论尊卑，等级划分严苛到近乎残酷——出身仿佛一把标尺，丈量着一切，更似给申公豹定下了“原罪”。可他志向高远，信念亦异常坚定，始终执着地追逐梦想。自幼时起，在父亲申正道的严苛教导下，他从未懈怠过修炼：天不亮便起身，无数个日夜里，汗水浸透衣衫是常事，他却总咬牙坚持；除此之外，每日背诵玉虚宫戒律也雷打不动。凭借这般付出，他最终以七山五岭第一的成绩考入了仙界。然而即便跻身仙界，申公豹仍难逃被歧视的命运：捕妖队队长之位被鹿童取代，那些重要的修炼资源、高深的法术秘籍，于他而言更是遥不可及。

申公豹以“逆袭”为核心特征，破局路径依赖于对既有规则的利用与局部突破，而非彻底颠覆。

申公豹为何敢干扰灵珠转世？元始天尊没有将培养灵珠成人的任务，交给有能力的他，而是交给“马大哈”太乙真人。

这种结构不公直接催化出了申公豹的生存哲学——非典型逆袭，

指在资源垄断、规则固化或社会偏见中，通过非常规策略（如工具化规则、跨界整合或局部颠覆）实现突围的路径。其核心在于将劣势转化为优势，要么在系统内寻找可突破的“缝隙”，要么主动重构规则。

非典型破局者是指在既定规则或权力结构中，通过颠覆性策略、身份重构或局部对抗实现突破的变革者。其核心在于打破传统框架的束缚，以“边缘者”的视角挑战主流逻辑，既非依赖激进颠覆，也非盲从常规路径，而是通过身份重构、规则解构或价值再定义，在看似无解的困境中开辟新逻辑。申公豹的复杂形象正是这一类型破局者的隐喻——他既是体制内的“边缘人”，又是规则破坏的“搅局者”，其行为折射出社会结构性矛盾与个体突围的双重张力。

一、非典型破局者的实践路径与适用场景

在系统内部寻找合作机会，如申公豹选择“善意的谎言”维护弟弟理想，通过持续积累（如自律修炼）提升自身能力，通过非传统手段（跨界整合）打破阶层固化，同时利用仙界规则达成自身目标。

适用场景：企业面临“特权体系”时的破局。

二、非典型破局者的特点

1. 以身份困境激发破局逻辑

非典型破局者往往处于结构性不公的夹缝中，其破局动机源于对身份标签的深刻反思与反抗。

非典型破局者的核心特质在于：将身份劣势转化为破局支点，通过质疑“成见”的合法性（“人心中的成见是一座大山”），重构价

值评判体系。

2. 以规则破坏倒逼系统重构

此类破局者擅长通过“破坏性创新”撼动既有秩序。申公豹盗取灵珠、培养敖丙的行为，本质是以非常规手段挑战体制权威。他并非单纯追求私利，而是试图证明“非正统出身者”也能通过规则外的路径获得认可。

这种策略体现为：在系统内无法获得公平时，主动跳出规则框架，通过制造冲突倒逼系统性反思（如申公豹对元始天尊“十二金仙”选拔标准的质疑）。

3. 以动态博弈实现局部突破

非典型破局者并非全盘颠覆，而是通过“局部胜利”积累破局资本。本质上是利用系统漏洞进行有限突破。他既未完全脱离体制，又通过“搅动风云”的手段扩大自身影响力。

这种策略强调：在系统性压制下，通过非对称优势实现局部反转。

4. 以边缘者的视角重塑系统逻辑

非典型破局者的核心价值在于以边缘者的身份与规则对抗，通过身份重构、规则解构与文化赋能，在封闭的系统中开辟破局新逻辑。申公豹的悲剧性命运揭示了这类破局者的深层困境：他们既是规则的破坏者，又是系统矛盾的产物。其策略强调“反共识”的勇气与“动态博弈”的智慧，最终通过个体叙事引发系统性反思，为僵化的规则注入变革的可能性。这种破局方式不仅挑战了传统权威的正当性，也为边缘群体提供了在结构性压迫中突围的精神范式。

对于企业家群体而言，这一角色的蜕变过程恰似商业领域革新者的生存图鉴。申公豹的角色弧光,本质上是一场关于"规则重构者"的身份觉醒。对于企业家而言,其价值不仅在于展现突破桎梏的勇气,更在于揭示了变革者必须完成的三大修炼:在质疑中建立认知自信,在对抗中重构价值体系,在颠覆中守护核心伦理。这种蜕变过程,正是商业文明迭代的微观缩影(表 4–1)。

表 4–1 案例对比:非典型逆袭者的典型路径

类型	代表案例	核心策略	风险点
边缘创新者	快手创始人宿华	挖掘下沉市场需求,突破精英审美	陷入"低俗化"争议
跨界整合者	埃隆·马斯克	融合航天、能源、AI 等多领域技术	过度扩张导致资金链紧张
规则颠覆者	滴滴创始人程维	用互联网模式重构出行行业	面临政策监管与伦理挑战
文化破壁者	李子柒	通过传统美学输出,打破文化壁垒	商业化与初心冲突

三、逆袭的本质是认知革命

非典型逆袭者的故事揭示了一个残酷真相:真正的突破往往始于对"成功学"的解构。放弃非黑即白的执念,追求"在规则中开辟新赛道"的智慧;将挫折视为认知升级的燃料,而非自我否定的理由。

非典型逆袭者必须完成三重跃迁:

(1)**破界**:通过非常规手段打破资源壁垒;

(2)**共生**:在系统内构建合作网络;

(3)**进化**:强化核心能力。

申公豹式逆袭适合资源受限但需快速突破的场景，这种路径并非完美无缺。申公豹的“工具化策略”可能导致异化，引发风险。因此，非典型逆袭的关键在于平衡——在“突破”与“底线”间寻找动态平衡，避免陷入“为逆袭而逆袭”的虚无主义。

正如《道德经》所言：“反者道之动”，非典型逆袭者的价值不在于结果，而在于他们用生命演绎了“在不可能中寻找可能”的哲学命题。

第二节　经典型哪吒式颠覆

哪吒生为“魔丸”，在偏见与误解中长大，愤怒、孤独，与玉虚宫对抗，最终用行动挣脱命运的束缚，喊出的“我命由我不由天”，不仅是对命运的宣战，更是对身份标签的彻底否定。这种自我觉醒的力量，正是当下企业最需要的解药。

当哪吒脚踏风火轮冲破云霄，他不仅颠覆了封神榜的既定秩序，更撕开了贝克在《世界风险社会》中所提到的“风险社会”认知茧房。

经典型哪吒式破局以“反叛与自我重塑”为核心，通过彻底颠覆旧规则、重构价值体系实现突围。哪吒的破局路径强调“对抗性认同”，即主动打破外界强加的标签（如“魔丸转世”），通过创造性破坏（如“创造性毁灭”理论）开辟新赛道。

一、经典型破局者的实践路径与适用场景

直接挑战权威规则（如哪吒对抗天劫），采用技术颠覆或商业模式创新。

适用场景：需要彻底变革的行业。

哪吒式破局者是指通过彻底颠覆既定规则、重构价值体系，在对抗性冲突中实现自我重塑与系统性突破的变革者。其本质不是毁灭，其核心在于以“反叛精神”为核心驱动力，打破固有秩序、挑战权威标签，打破“天命论”的枷锁，并通过创造性破坏开辟新赛道，最终实现个人或组织的涅槃与进化。

二、经典型破局者的特点

彻底颠覆旧规则：主动打破外界强加的标签（如“魔丸转世”），以“我命由我不由天”的姿态否定既定命运（如哪吒反抗“魔童”身份）。

哪吒式破局看似九死一生，却恰是绝境中的唯一生路。既已出生入死，又何惧再死一次？颠覆所弃，不过枷锁；颠覆所得，却是整个新世界。

规则重构：通过技术颠覆或商业模式创新（打破传统框架，建立新秩序）。

创造新价值体系：从“破坏”到“重建”，在对抗中构建新生态（如哪吒与敖丙的“离火与坎水”平衡），或通过动态迭代实现持续进化（如哪吒以莲藕重生隐喻企业危机中的涅槃）。

价值输出：以创新产品或服务重新定义行业标准。

激进突破：选择高风险路径（如哪吒对抗天劫），需承担失败成本。

非线性成长：通过创造性颠覆实现质变。

自我迭代：在对抗中不断升级能力。

生态协同：在颠覆中构建多方共赢的闭环。

情绪共鸣：以“反叛者”身份引发群体情感共振，成为时代精神的载体。

《哪吒 2》堪称一部颠覆命运桎梏的现代启示录。

调研显示，18～30 岁观众占比达 67%，其中“拒绝命运”的价值观认同度达 91%。在 B 站发起的“我的哪吒时刻”话题中，用户分享的成长故事播放量超 8 亿次，形成现象级社会情绪。

当中国 AI 扛住美国史上最猛攻击，DeepSeek 以“哪吒式”破局，因为斩妖除魔的道德律令实为阶层固化的遮羞布。

案例 1　DeepSeek 祭出“混天绫与风火轮”

2025 年 1 月 27 日，一款名为 DeepSeek 的中国 AI 应用登顶美区 App Store 榜首，单日蒸发美股万亿市值，英伟达股价暴跌 6000 亿美元。这场被外媒称为“硅谷 911”的事件，标志着中国 AI 技术首次以颠覆者姿态站上全球舞台。

1 月 28 日，DeepSeek 遭遇超 1000 万美国 IP 地址的暴力破解攻击，这是继 SSDP 反射攻击、HTTP 代理攻击、僵尸网络攻击后的第四轮技术围剿。美国智库报告显示，攻击动机源于 DeepSeek R1 模型仅用 550 万美元成本、两个月训练周期就实现对标 OpenAI 数亿美元 GPT-1 的性能，其开源免费模式直接威胁硅谷商业利益和技术霸权根基。

面对攻击，DeepSeek 采用“混天绫与风火轮”战术。

算法金丹：DeepSeek R1 将参数量压缩至 660 亿（GPT-1 的 1/3），通过算法优化实现单卡效率提升 300%，打破“算力即霸权”的铁律。创始人梁文峰强调其护城河是“算法创新与团队执行力”

而非 GPU 堆砌。

开源生态：与 OpenAI 封闭模式不同，DeepSeek 全面开源吸引全球 200 万开发者，形成“数据反哺模型优化”正循环。其模型在昇腾芯片上构建国产化闭环，直接削弱美国芯片制裁威力。

美国国会通过《2025 人工智能脱钩法案》，将使用 DeepSeek 定为犯罪（最高判 20 年），但法案执行漏洞百出，这暴露其双重焦虑。

这场突围被比作《哪吒 2》的现代演绎：从“天命论”到“自我定义”的转变，体现中国科技界的反叛精神。正如电影中哪吒以混天绫打破龙宫桎梏，DeepSeek 用开源模型掀翻技术霸权，其成功源于以下内容。

工程师红利：算法团队将 Transformer 架构注入中文语境，炼成既能写七言绝句又能调参炼丹的“东方秘法”。

场景创新：通过教育 AR 助教、医疗 AI 舌诊等应用实现技术渗透与社会认知变革。

截至 2025 年 1 月，DeepSeek 月活用户突破 3000 万，在 140 国应用商店登顶，其突围印证了“危机如同暴风雨，有人躲在屋檐下颤抖，有人造出诺亚方舟”的东方智慧。这场较量已超越企业竞争，成为新质生产力崛起与全球科技秩序重构的象征。

哪吒式破局者精神是企业家在存量市场中点燃创新燃料、实现突围的重要法宝。通过技术和文化双轮驱动以及创新融合的力量，企业家可以不断突破自我、挑战极限，创造出更加辉煌的商业成就。

企业家的成长史，是一部与“困境”博弈与“天机”共舞的史诗。

案例 2　华为：科技界的“剜肉剔骨”

面对国际技术封锁，早在 2004 年，华为就成立海思半导体，投入数千亿研发芯片和操作系统[①]。这一布局在其遭受美国制裁时发挥了关键作用：海思麒麟芯片迅速转正，鸿蒙系统突破安卓垄断。任正非的“备胎计划”展现了顶级企业家的格局。

撕符咒：“永远不造手机”承诺（2012 年）→ 2023 年超越苹果成全球第二，展现“绝境重生”的韧性。

炼法宝：海思芯片（混天绫护体）+ 鸿蒙系统（风火轮突围）巩固技术话语权，反制美国“脱钩”企图。

逆天劫：5G 专利反授权模式（抗制裁雷霆时守护行业生态），实现从“追赶者”到“定义者”的跨越。

管理启示：华为其实很像挑战科技霸权的“哪吒”，不畏科技强权，敢于说不，深耕科研，“我命由我不由天”，破除西方迷信，砸烂已有科技桎梏，敢于破局，必然重生！

案例 3　东方甄选：教培废墟上的“莲花化身”

撕符咒：拒绝“低价剧本”直播，用知识带货撕掉行业标签，将英语教学与农产品带货结合，半年实现 48 亿元 GMV[②]。

炼法宝：教师转主播（基因重组）× 文化赋能农产品（混天绫策略），在低价狂欢的直播红海中开辟文化带货赛道。

---

① 任正非要求海思：我每年投入 4 亿美金，给你 2 万人，一定要站起来 [EB/OL]. 金融投资报，[2020-05-06].

② 东方甄选公布 2025 财年中期业绩：半年总 GMV 为 48 亿元，付费会员超 22 万人 [EB/OL]. 新浪财经，[2025-01-21].

逆天劫：建立农产品质检基金（乾坤圈式风险控制），将产品转化为“健康 + 社会责任”的符号。

管理启示：真正的企业家将危机视为“认知升级”的契机，在解构中重构商业逻辑。

案例 4　张一鸣：算法破局的“千人千面”

张一鸣，宇节跳动的创始人，以其独特的算法推荐技术，成功创建了多个广受欢迎的互联网产品，如抖音和今日头条。他的创业故事充满了挑战与创新，展现了他对人性和市场需求的深刻洞察。

机制创新：通过算法分发重构内容生态，提出“千人千面”的个性化与公共性融合方案。通过技术迭代与生态调控，将算法从“茧房推手”转化为“破茧工具”。

张一鸣成功的本质在于将工程思维极致化——将人性需求解析为可计算、可预测的数据变量，再通过技术手段实现规模化满足。这种人性数据化→数据算法化→算法商业化的路径重塑了互联网产业规则，但也为数字时代的权力结构提出了新命题。

机缘背景：2016 年，今日头条面临腾讯、百度双重围剿。

机中顿悟：用户为王，将用户需求从统一化供给升维至个性化匹配，用户使用时长反超微信。

生态布局：投资内容创业公司，构建“创作分发变现”闭环，抖音日活突破 10 亿。[①]

机后飞跃：字节跳动 2024 年营收超 1200 亿美元，张一鸣以“延迟满足感”的管理哲学，重塑互联网竞争规则，将内容产业从线

① 抖音中国月活破 10 亿 [EB/OL]. 三言科技，[2025–04–30].

性链条升维为共生生态。

管理启示：企业家以“延迟满足感”对抗短期诱惑，用算法伦理重塑行业规则。

在VUCA时代，企业家的核心能力不再是规避风险，而是将危机的压力转化为创新的势能。正如华为在全球封锁中崛起、东方甄选在行业覆灭中重生，每一次绝境都是重构商业逻辑的契机。

哪吒式破局者往往具有以下特质。

化危为机：不在于规避风险，而在于将“困境”转化为“机遇”的转化力；不在于追逐风口，而在于创造风口的引领力，在于将危局解构为要素重组的契机。

勇于创新：敢于打破常规，挑战传统思维模式，寻找新的增长点和发展路径。

追求卓越：对企业产品和服务进行持续改进和创新，以满足市场需求和提升用户体验。

适应变化：在快速变化的市场环境中，企业需要具备灵活性和适应性，及时调整战略和运营模式。

承担风险：创新和颠覆往往伴随着风险，企业需要有勇气和决心去承担这些风险，以实现长远的发展目标。

不同行业中的颠覆式创新，通过创新的商业模式和技术，改变了传统行业的运作方式，创造了新的商业机会和价值，打破了传统行业的规则和惯例，从而彻底改变了行业格局。

哪吒式破局者的核心价值在于：以反叛精神为起点，通过规则重构与创造性破坏，在对抗中实现自我与系统的双重进化。其路径充满风险与不确定性，但正是这种“不破不立”的勇气，使其成为推动社会进步与商业创新的关键力量。

真正的颠覆者，既要脚踏风火轮烧穿行业天花板，也要手握乾坤圈守住道德地平线——哪吒自刎陈塘关的悲壮，才是企业家精神的终极注脚：破局者的最高使命，是让颠覆本身被颠覆。

第三节　中典型敖丙式重生

敖丙的家族世代困守于红海深处，那是一片充满灼热岩浆与无尽压力的海底世界。红海象征着竞争激烈、资源匮乏且充满挑战的传统领域，就像市场中的红海一样，充满了焦灼与挣扎。敖丙所处的环境如同被困于炽热岩浆之中，四周是难以忍受的高温与压抑，象征着他和家族面临的重重困境与限制。这种环境下，每一步前进都需要极大的勇气和力量，正如中国大陆传统企业试图在饱和市场中寻找立足之地。

为了突破这种束缚，敖丙必须找到通往蓝海的道路——那是一个充满希望与机遇的新领域，象征着未开发的市场或新的发展方向。跳出灼热岩浆般的红海，进入广阔的蓝海，意味着敖丙需要超越自我，寻找全新的生存方式和发展路径。这不仅是物理空间上的转变，更是心态与视角的升维转换。

中典型敖丙式破局者是指在红海行业或系统性困境中，通过自我牺牲、资源循环、开创市场蓝海、服务创新与生态重构实现重生的变革者。其核心在于以“协作共生”为核心逻辑，主动接受局部损失（如利益让渡、规则重构），在多方博弈中构建闭环生态，最终实现行业或组织的系统性升级。

一、中典型破局者的实践路径与适用场景

共生： 构建多方共赢的闭环，提升抗风险能力，通过规则重构突破行业瓶颈。

适用场景： 中国大陆红海竞争行业（如传统制造业、内卷的光伏类产业、缺乏技术支撑的传统零售业、陷入价格战的网络平台企业）。

需要系统性变革的领域（如碳中和、循环经济、打破市场边界“出海”、服务创新）。

中典型敖丙式困境在于“龙族血脉”与“灵珠使命”的冲突，其破局路径依赖于牺牲部分利益换取系统性平衡，或通过合作（如哪吒与敖丙的结盟）打破零和博弈。

二、中典型破局者的特点

主动让渡利益： 为打破行业僵局，需接受短期损失（如敖丙自愿牺牲部分龙族特权），通过规则重构突破瓶颈。

系统性博弈： 在高度竞争的红海市场中，通过牺牲局部利益换取全局破局的机会，如敖丙对抗家族压迫，以维护陈塘关百姓利益。

动态进化： 局部损失可能导致短期竞争力下降，如敖丙失去龙族支持，在渐进转型中持续迭代，如敖丙的身份重构。

敖丙式破局者的核心价值： 以局部牺牲为代价，在红海行业中通过协作与生态重构实现系统性重生。其路径依赖于对“牺牲——共生——进化”三重逻辑的动态平衡，既需直面短期阵痛，又需以

长期主义思维构建可持续生态。这种破局方式虽非激进，却是复杂系统中实现渐进变革的关键路径。

敖丙的故事不仅是神话叙事的经典案例，更蕴含着中典型敖丙式破局启示。通过分析他的行动与成长轨迹，可以提炼出以下 5 点对企业家的激励方向。

1. 自我觉醒：突破命运枷锁的升维认知

敖丙的觉醒始于对“命运标签”的反思。他在与哪吒的友谊中逐渐意识到，身份并非宿命。这种自我觉醒对应企业家在红海竞争中突破传统路径依赖的能力。

启示：企业家需警惕“行业规则”的思维定势，像敖丙一样打破“龙族必须服从天庭，只能镇守海底妖族，并忍受岩浆的炙烤”的认知框架。

行动策略：建立“第二视角”，在既有市场规则中寻找未被充分挖掘的空白维度，如传统行业国内市场过饱和，可以通过“出海”开辟市场蓝海，或者与新型业态企业联盟实现转型。

2. 战略抉择：在压力与责任间的战略权衡

敖丙面临两难：家族的存亡与个人良知的冲突。他最终选择用万龙甲对抗天劫，而非遵从家族指令活埋陈塘关，这一抉择本质是“短期生存”与“长期价值”的战略升维。

启示：企业家需在行业危机中做出超越利益计算的决策。

行动策略：构建“风险——价值”双维度评估体系。

3. 合作共生：从对抗到共荣的生态升维

敖丙与哪吒的关系从敌对到共生，体现了资源整合的升维逻辑。两人联合对抗天劫时，敖丙的万龙甲与哪吒的混天绫形成互补性力量。

启示：企业家需跳出零和博弈，建立生态协同。

行动策略：设计“生态位协作”机制，整合价值共同体。

4. 持续进化：在绝境中重构能力维度

敖丙的成长线贯穿“能力升维”：从被动接受训练到主动突破能力极限。他在深渊猎场与万鲨大战中，将“防御性技能”转化为“进攻性突破能力”，最终完成自我重塑。

启示：企业家需在危机中锻造不可替代性。

行动策略：建立“技术——战略——品牌”三维升级路径。

5. 价值输出：超越商业逻辑的使命升维

敖丙最终选择牺牲肉身拯救陈塘关，这一行为将个人命运升维为集体价值。企业家若能将商业目标与社会价值结合，往往能实现更持久的竞争力。

启示：企业需在“利润维度”之外构建“意义维度”。

行动策略：设计“商业—社会”双螺旋模型，勇于承担企业的社会责任。

三、敖丙精神的现代商业映射

敖丙的叙事本质是“升维—降维”的动态博弈：他通过认知升维打破命运诅咒，启示企业家突破行业边界；通过战略升维化解竞争压力，启示企业核心技术自主化；最终通过价值升维重构商业逻辑，启示企业生态共建、价值共建。

企业家若能将这种“从红海到蓝海”的升维思维内化为战略基因，便能在不确定的时代实现降维打击，改写行业规则。

敖丙的觉醒之路，正是企业家精神在数字文明时代的生动注脚。

敖丙的故事激励我们认识到，在面对看似不可逾越的障碍时，应勇于探索未知，追求创新。就像企业在竞争激烈的市场中寻求突破，需要跳出固有思维模式，开拓新市场，创造新的价值主张，实现从红海到蓝海的战略升维。通过这样的转变，敖丙不仅能够摆脱家族长久以来的困境，还能够开辟属于自己的广阔天地，这也正是“升维”思想在个人成长与商业战略中的深刻体现。

四、红海与蓝海：传统行业的“天花板”与“突围战”

边际效益的天花板：传统行业因过度竞争，利润空间被压缩至极限，难以通过常规手段突破增长瓶颈。

红海竞争的固化：市场过饱和导致同质化严重，唯有在边缘领域（如文化赋能、科技融合）寻求差异化突破；构建不可复制的护城河，将竞争维度从价格战升级至价值战。这不仅是商业逻辑的跃迁，更是对“红海困局”的跃迁。

当前，中国出口的商品多半集中在红海市场——低附加值、高度竞争的领域。而我们需要进口的核心技术与高端产品却处于“蓝海”状态。

高端芯片：价格高昂且供应受限；

预警机：技术壁垒导致无法采购；

导弹导引技术：即便高价也遭拒绝。这种结构性矛盾揭示了中国在关键领域的技术短板。

结构性矛盾：出口＝红海苦力活，中国出口的商品集中在低端制造、重复生产——衣服、家电、小商品，靠量取胜，利润低，面临较多摩擦与不公平待遇。

进口 = 技术垄断卡脖子：我们急需的芯片、发动机、精密仪器，要么买不起，要么买不到——核心技术被“卡脖子”，钱都砸不出去！

“红海陷阱”的代价：中国制造业赚的是辛苦钱，利润被压到5%～10%，而发达国家靠技术垄断赚40%～60%[①]！

突围之路：在红海夹缝中找蓝海，“别死磕红海！学会‘换赛道’才是王道！”未来属于在蓝海开疆拓土的“破局者”。

案例1 TCL：从“红海”到“蓝海”的出海

TCL作为家电行业的老兵，是行业内的老牌企业。而家电行业也是中国最为“内卷”的行业之一，价格战让各大企业利润微薄，艰难维持。

不出海就出局，TCL是中国最早出海的家电传统企业。

1999年，在越南陆氏工厂的并购现场，TCL人以“初生牛犊不怕虎”的勇气撕开了全球化序幕。当行业还在争论“代工还是品牌”的世纪命题时，TCL已展现出敖丙式的破界思维：以从“红海”到“蓝海”的出海，重构全球化格局。

这种“逆天改命”的全球化战略已结出硕果：海外营收五年增长17.6%，2023年海外产品营收占比近半，多款产品在全球市场份额跃居前三。

创新是破局的法宝，但创新往往被理解为科技创新，其实创新也包含管理创新、服务创新、文化创新等。

对于一些传统的服务业如零售行业，做科技创新是很难的，那么就要守住管理创新、服务创新的护城河！

---

① 资料来源：波士顿咨询《全球技术垄断格局演变》（2023）。

案例 2 胖东来：管理创新、服务创新的护城河

2024 年，世界 500 强排行榜中，沃尔玛百货有限公司位列第 1 名，这已经是沃尔玛连续第 11 年蝉联冠军了，家乐福集团位列第 122 名。①

这两家国际巨头，在河南，却有一个无法战胜的对手——胖东来。家乐福因固守“低价促销 + 规模扩张”策略，忽视服务创新，员工管理松散，在胖东来的地盘上节节败退。而沃尔玛因其对中国区域市场差异的应对不足，筹备了六年，却未能开业。

1995 年，下岗的于东来开了“望月楼胖子店”。那时候假货盛行，于东来喊出了“用真品换真心”“不满意就退货”。

“货真价实”是胖东来制胜的法宝

售后体验颠覆行业惯例，推行“不满意就退货”政策，无需烦琐流程即可退换货。顾客购买衣物后若标签丢失仍可退货，这种信任机制极大提升了用户忠诚度。反观家乐福等企业，员工服务态度冷漠、缺乏创新动力，形成鲜明对比。

极致服务构建竞争壁垒

胖东来提供宠物寄存处、带放大镜的老年购物车、亲子婴儿车、免费冰袋降温电动车座椅等，甚至雨天发放一次性雨衣，将服务渗透到消费者生活的细微需求中，远超传统超市的标准化服务模式。

精准本地化与差异化经营

胖东来根据河南消费者偏好调整商品结构，生鲜品类强调新鲜度和性价比，甚至承诺“若缺货可单独采购”，而沃尔玛等国际巨头标准化供应链难以灵活适应区域需求。小米创始人雷军曾

① 2024 年《财富》世界 500 强排行榜 [EB/OL].《财富》官网，2024，[2024-07-15].

毫不吝啬地称赞胖东来为“神一般的存在”。[①]

胖东来以人为本，守护住了商道底线，正如于东来所言：“商业的本质是传递幸福”，这种以人为核心的运营哲学，或将成为全球零售业转型的重要参考。

胖东来重塑的商业理念是企业固然要盈利，更关键的是创造价值，创造了社会需要的价值，那利润还是问题吗？

案例3　波司登：羽绒服龙头的“冰火重生”

红海灼烧：2018年库存危机，关店超3000家，被ZARA模式冲击。

灵珠觉醒：注入高端美学基因。

设计觉醒：聘请前LV设计师（敖丙遇哪吒）。

技术突变：航天纳米保温材料（万龙甲护体）。

化龙升维：打破传统面料性能边界。

登纽约时装周，单价从￥300→￥3000，毛利率上升至60%。

案例4　李宁：从“土味国货”到“国潮龙头”

红海灼烧：2012年库存压顶，年亏20亿元，关店1800家。

灵珠觉醒：启动“国潮”。

认知觉醒：“中国李宁”品牌重塑（撕掉土味标签）。

设计突变：敦煌博物馆联名（文化赋能）。

化龙升维：2024年春夏系列登顶国际舞台。

巴黎时装周爆红，海外营收占比上升至28%。

① 雷军称胖东来：它在中国零售业一直是神般存在[EB/OL]. 搜狐网，[2017-08-20].

红海行业的边缘创新，本质是在“非优势领域创造新优势”，在边缘寻找“第二曲线”。汽车制造商的边缘计算、海尔的创客平台、胖东来的服务细节，这些案例揭示：真正的破局者，不在于颠覆行业，而在于从“技术盲区”“需求缝隙”“组织边缘”中挖掘增量价值。

在大变局中，中国企业家正以“边缘创新”为刃，在存量市场中开辟新赛道，用行动证明：传统行业的未来，不在过去的延长线上，而在当下的创新边疆。

第四节　华典型李靖式精进

在《哪吒 2》中，李靖作为陈塘关总兵和哪吒之父，始终深陷“责任”与“情感”的双重困局。他既要履行镇守一方的职责，又要面对哪吒“魔丸转世”的宿命，这种撕裂感恰如李靖式儒商企业家在家族传承与社会责任间的矛盾。

《哪吒 2》内核不仅承载了传统文化的现代化表达，也与儒商精神的核心理念形成深刻共鸣。儒商“顺天应人、以仁为本、诚实守信、见利思义、勇于创新”的价值观，在影片的角色塑造、叙事逻辑与文化表达中得到了生动映射。

儒商泛指受中华传统文化，特别是儒家文化影响的商人，是一种精神文化的象征和符号。

世界 20 个商帮中，中国商帮占据重要席位，包括晋商、徽商、浙商、鲁商、粤商，以及近代以来崛起的潮汕商、台商、港澳商。[1]他们共同的标识：儒商。

儒商的范畴不止于此，还包括东南亚华商及今天遍及世界的新华商。

海外华商随着宋、元时期私商贸易的发展而兴起，至明清时期，东亚、东南亚的海外华商群体规模基本形成，晚清以来，海外华商逐渐向美洲、欧洲、大洋洲扩展。

他们无论身处何地，都秉持中华商道的经营理念，以儒商文化为根，形成了特有的中华古典式商人的气质与精神。

儒商并非只有中国人、华裔华侨，还包括深受儒商文化影响的日本、韩国、越南等中华文化圈的企业家。

日本、韩国、越南三国的社会观念、伦理规范都深受中华文化影响，中央和地方学校都以儒学为教学内容，都建有崇奉孔子的文庙并且定期祭孔。

涩泽荣一，这位明治时代的杰出商人，拥有“日本企业之父”“日本金融之王”“日本近代经济的领路人”等称号，运用儒家经典《论语》里面的精神来指导经商实践，他的著作《论语和算盘》，被称为日本的商业圣经。

创造日本“经济奇迹”的“经营四圣”松下幸之助（松下公司）、本田宗一郎（本田公司）、盛田昭夫（索尼公司）和稻盛和夫（京瓷公司）也都是以儒商文化为基进行管理创新。

松下幸之助的“素直之心”（坦诚之心）；稻盛和夫的“敬天爱人”

---

① 厉害！世界 20 大商帮，中国商帮竟然占 5 席！ [EB/OL]. 搜狐新闻，[2017-02-24].

等无不透着儒商精气神！

由于历史的因素，大部分儒商经营的是传统行业，在全球化与数字化浪潮席卷的当下，儒商既要坚守“仁、义、礼、智、信”的诚信经营、和谐共赢的理念，又要面对技术迭代与市场饱和，儒商企业被迫在有限空间内争夺资源，形成“内卷”。儒商企业如何既保持商业竞争力又坚守文化根脉进行破局？

今天儒商遍及世界，因为儒商多具有中华优秀传统文化的气质与内涵，且以儒家文化为根基建立管理范式，全球儒商破局可被定义为“华典型李靖式破局”。

华典型李靖式破局以“稳健与规则内优化”为核心，通过精细化运营、伦理驱动和长期主义实现突围。

破局实践路径：通过局部创新打破低效惯性，构建基于信任的生态；通过“战略韧性”与“文化迭代”破解内外部矛盾，最终实现组织与社会的共生共赢。

一、李靖的精进

李靖肉身抗天劫的悲壮，正是儒商“以义制利”精神的极致映照——在商业文明进化的路上，最强大的破局之力，永远源于对责任的担当。

当哪吒因天劫反叛时，李靖陷入“救子”与“护民”的两难——这映射了企业家在危机中面临的道德抉择：是优先保全企业声誉，还是承担社会代价？李靖的权威在新时代也遭遇挑战，哪吒的觉醒与反抗暗示着企业家若仅依赖制度或权威管理，终将遭遇代际价值观的崩塌。

李靖的破局：以牺牲重构价值维度。李靖的突破源于对“责任”的升维理解。他主动承担天劫之责，以肉身化为“封印阵眼”，用自我牺牲换取陈塘关百姓的安宁。这一行为的本质是企业家在危机中跳出短期利益，以全局视角重构价值逻辑。例如，他并未以强制手段压制哪吒，而是通过“共情式沟通”引导其成长——当哪吒质问“为何要牺牲我”时，李靖的回答“为苍生，为天下”，展现了超越个体的情感升华。这种“牺牲式担当”启示企业家需在管理中融合“刚性规则”与“柔性关怀”，以本土化管理化解矛盾，既保全企业又融入社会。

李靖在伴随哪吒成长中实现责任升维与价值重构。面对哪吒的反叛，李靖没有简单粗暴地执行天命，而是通过“情感共鸣”与“价值引导”实现双向救赎。例如，哪吒质问“你爱我吗”时，李靖以行动回应：即使明知哪吒是“魔丸”，仍倾尽所有教导他成为“正果”。这种“牺牲式教育”映射企业家需在管理中打破权威枷锁，用价值观而非控制力驱动组织成长。最终，李靖的“人定胜天”精神启发企业家在行业规则中寻找升维路径，用技术升维突破传统竞争。

李靖的故事为企业提供了三重战略思维，从“被动执行”到“主动创新”。

（1）**责任升维：**从“家族企业”到“社会契约”——企业家需将“家国情怀”融入商业逻辑。

（2）**牺牲式领导力：**从“控制”到“赋能”——企业家需敢于承担风险，甚至“牺牲短期利益”以换取长期价值。

（3）**破局宿命：**从“被动执行”到“主动创新”——李靖的“人定胜天”精神启示企业家需在行业天花板下寻找升维路径，正是对“天命论”的商业反叛。

李靖的困境与破局本质是“升维—降维”的动态博弈：通过牺牲式担当打破家族宿命，通过情感与理性平衡重构管理逻辑，最终以“人定胜天”的创新实现社会价值升维。企业家若能将这种精神内化为战略基因，便能在红海竞争中开辟蓝海，改写系统规则。李靖的牺牲与担当，正是现代儒商在数字时代实现“商业向善”的精神图腾。

战略韧性是华典型李靖式破局者的核心特质之一。他们注重历史传承与创新的结合，将传统文化符号转化为现代价值支点，例如以“义利兼顾”的伦理观重塑商业逻辑，或以“功成身退”的哲学思维在危机中保持战略定力。同时，他们具备动态平衡能力，能够在合规经营与效率提升、风险对冲与资源优化之间找到平衡点，通过构建闭环生态或技术迭代实现稳健增长。

文化赋能则是其破局的深层动力。华典型破局者以儒商精神为内核，强调“美美与共”的多元共生理念，通过伦理驱动创新，将社会责任作为价值创造的锚点。他们擅长运用符号化叙事，将传统意象转化为资源整合的管理工具，并通过文化隐喻凝聚共识。

资源整合能力构成了华典型破局者的实践路径。他们以平台化运作聚合跨界资源，通过“平台＋生态”模式搭建协作网络，打破行业痛点并实现资源高效流转。

系统性进化是其应对不确定性的关键逻辑。华典型破局者遵循迭代式升级路径，从“守城”到“开疆”，在危机中主动剥离低效业务并重构自身定位。

二、儒商文化的现代性觉醒：从传统智慧到管理革命

新儒商企业将儒家德治思想融入企业管理实践，创造出以中华传统文化为底蕴的管理模式。儒家思想在当代商业领域的价值重构，本质是对工业文明熵增困境的回应。当西方“自由竞争＋效率至上”模式陷入唯利是图的窠臼，儒商文化以“仁、义、信、和”为核心，为企业提供破解增长焦虑的东方方案。

（一）儒家伦理的商业转译

从心性修养到组织能力仁学思想的管理解构，人本管理的底层逻辑：孔子“仁者爱人”转化为方太集团“心本经营”，通过“五个”体系（立志、读经、改过、行孝、行善）构建情感共同体，员工流失率低于行业均值。

1. 京东——刘强东的“兄弟文化”实践

文化实践：高管每年需到基层轮岗1个月，刘强东亲自送快递体验末端流程。

管理变革：推出“员工救助基金”，为一线员工提供大病援助，员工忠诚度提升。

思想引爆：将“权威型领导”转化为“服务型领导”，物流时效提升，投诉率下降。

2. 中庸智慧的战略应用：灰度哲学的平衡艺术

华为“中庸之道”转化为“灰度管理”，在技术研发（自研芯片与供应链合作）、市场策略（高端品牌与下沉市场）中寻求动态平衡，同时保持消费者业务营收增长。风险管控的共生逻辑：海尔“链群

合约”打破部门墙，通过用户付薪机制实现跨部门协同，研发周期缩短，避免KPI异化导致的内耗（海尔卡奥斯平台案例）。

社会责任的价值闭环：联合利华“可持续生活计划”将环保目标与产品创新结合，2023年可持续品牌销售额增长10%[①]，远超整体增速，印证“义利相生”的商业可行性。

（二）儒商鼻祖子贡的管理启示：跨越时空的商业智慧

回溯历史，儒商鼻祖子贡早已用智慧铺就了跨越时空的商业逻辑，——从古代市场痛点的洞察，到现代STP理论的呼应，子贡的“供需洞察——产品创新——价值实现”链条，为后世商业文明开辟出一条兼顾“义”与“利”的坦途。

（1）需求侧改革的古代范本。观察丧葬用品粗糙的市场痛点，组织生产精美葬具填补空白，体现“供需洞察——产品创新——价值实现”的完整链路，与现代营销学STP理论（市场细分、目标市场、定位）异曲同工。

（2）蓝海战略的先驱实践。灾荒时期逆向收购低估资产，利用市场恐慌实现价值套利，与巴菲特“别人恐惧我贪婪”的投资哲学高度共鸣，展现反周期思维的战略价值。

（3）创新商业模式的历史预演。提出盐铁专营权拍卖方案，创造性解决财政危机，堪称“特许经营”模式的古代原型，比西方早2000年实践公共服务市场化。

（4）全球供应链的早期探索。跨国收购齐国丝绸转售他国获取差价，运用“比较优势”理论优化资源配置，与当代跨境电商“原

---

①资料来源：欧睿国际（Euromonitor International）发布的《2024年全球可持续消费趋势报告》。

产地直采”模式逻辑一致。

（三）儒商文化的全球化破局：从本土经验到“普世价值”

中国加入世界贸易组织后，中国企业融入全球化浪潮，儒商文化也获得了更广阔的传播空间。

华为将“以战养战”理念转化为“针尖战略”，集中资源突破5G技术，在美欧市场以“技术普惠”叙事化解地缘政治偏见。阿里巴巴“新六脉神剑”价值观融入“客户第一、团队合作”等儒家元素，全球中小企业加入生态，形成跨文化协作网络，构建生态能力。

Patagonia“地球税”计划借鉴“天人合一”思想，将1%的销售额用于环保，吸引高净值客户复购，证明商业伦理的全球共情力。

新儒商之道为中国管理学的发展注入了新的思想动力，也为全球管理实践提供了新的参考。其倡导以国际眼光和战略来发展企业，有助于企业制订长远的全球战略规划，在全球战略决策中更加科学地考虑问题，在全球化竞争中赢得更大的市场份额和竞争优势。

（四）和合哲学的商业应用：从竞争逻辑到生态思维

1. 和而不同的市场观

华为“生态联盟”策略兼容竞争对手，与高通、微软建立专利交叉授权，在5G标准必要专利中持有率达12.42%[①]，同时与国内车企合作开发智能驾驶系统，构建“竞合共生”的技术生态。对比特斯拉早期封闭专利策略，丰田“开放专利池”（超5680项电动车专利免费授权）更符合“美美与共”理念，推动全球电动车渗透率提

① 资料来源：中国信息通信研究院发布的《全球5G标准必要专利及标准提案研究报告（2024年）》。

升至 28%。[1]

2. 天人合一的可持续性

宁德时代“城市矿山”计划回收废旧电池，回收镍、钴、锂，既降低原材料依赖，又减少 42% 碳排放[2]，实践“道法自然”的循环经济。星巴克“碳中和门店”采用光伏屋顶、废水循环系统，同时保留中国传统“盖碗茶”体验区，实现环保技术与文化体验的“和合共生”。

3. 变革精神的商业进化

从技术迭代到模式创新字节跳动“算法推荐 + 文化出海”模式，将 TikTok 打造成全球月活超 15 亿的平台，其“本土化运营”（如在印尼推出“斋月挑战赛”）体现“周虽旧邦，其命维新”的变革智慧。对比 Meta“元宇宙”的激进颠覆，腾讯“全真互联网”强调“渐进式创新”，在微信生态内整合 VR 会议、数字藏品等功能，用户接受度提升 67%[3]。技术赋能的文化转译，中国以“创造性转化、创新性发展”激活传统文化，构建东方美学话语体系。

《黑神话：悟空》用 UE5 引擎重构西游记场景，提升毛发渲染效率，同时保留“七十二变”“筋斗云”等文化符号，预售突破 200 万份，创国产游戏纪录[4]。故宫“数字文物库”上线 8.3 万件藏品高清影像，结合 AI 修复技术还原《千里江山图》矿物质颜料效果，线上访问量

① 资料来源：根据国际能源署（IEA）发布的报告，2024 年全球电动车渗透率（即电动车销量占汽车总销量的比例）达到了 28%。

② 资料来源：宁德时代《2023 可持续发展报告》。

③ 资料来源：中国互联网络信息中心（CNNIC）《中国互联网发展统计报告》。

④ 资料来源：Newzoo《全球单机游戏市场报告》（2024）。

超10亿次，实现“技术复活文化”的破圈效应。故宫文创年销售额超亿元[①]，通过“数字故宫”（VR体验《清明上河图》）、“国潮IP”（彩妆系列上线即售罄），让文物“活起来”。

4. 商业文明的中国方案：儒商文化与全球治理

儒商文化的“和合智慧”为全球商业治理提供新范式，推动管理思想从“零和博弈”转向“价值共创”。

ESG投资的文化适配。蒙牛“可持续发展三角洲”模型融合“天人合一”思想，在内蒙古建立200万亩草场碳汇项目，牛奶碳足迹减少18%，ESG评级提升至AA级，吸引国际资本增持[②]。贝莱德《2025可持续投资报告》指出，纳入儒家伦理因子的ESG指数，年化回报率比基准高，印证“义利合一”的资本吸引力。

5. 数字时代的商业伦理：从技术至上到人文关怀

AI伦理的儒家视角：百度“文心一言”内置“价值观对齐”模块，运用“己所不欲，勿施于人”原则过滤有害内容，敏感信息拦截准确，同时开放“传统文化创作”专属模型。对比OpenAI的“通用模型”，字节跳动“文化定制算法”在东南亚市场推出“伊斯兰文化合规系统”，内容审核效率提升，用户投诉率下降。

零工经济的权益重构：美团“新市民成长计划”借鉴“老吾老以及人之老”理念，为骑手提供职业培训、城市融入服务，2024年骑手考证通过率提升，调查显示，50.1%的骑手对工作满意或比较满意[③]。

---

① 资料来源：易观分析《2023年文创电商消费洞察》。

② 实施领先战略，蒙牛为健康生活赋能 [EB/OL]. 新京报，[2023-11-09].

③ 资料来源：《2024中国蓝领就业调研报告》。

滴滴“橙意保障计划”：建立司机互助基金，采用“风险共担—利益共享”机制。

6. 儒商文化的未来图景：从商业实践到文明范式

开启管理思想的新轴心时代。儒家思想与现代管理理论的深度融合，正在催生“第三管理范式”。从效率优先到伦理优先：方太“中学明道，西学优术”模式，将《论语》学习纳入高管 KPI。从组织控制到生态赋能：拼多多“农地云拼”平台连接消费者与农户，运用“上下同欲者胜”理念构建利益共同体，农产品上行效率提升。

形成文化输出的破圈路径。《哪吒 2》以“反抗宿命”的普世主题，证明东方神话可通过现代叙事引发共情。故宫 IP 授权超 5000 家企业，文创产品年销售额破 300 亿元，“千里江山图”数字藏品在 OpenSea 平台交易额达 2300 万美元，实现文化符号的区块链全球化。[①]

技术 + 文化的双轮驱动。大疆“御 3Pro”无人机内置“山水模式”，自动识别黄山、张家界等景区并优化拍摄参数，成为“空中丝绸之路”上的文化使者。蔚来汽车“NIO House”设置茶道体验区，用户购车后可免费参加茶艺课程，参与 2024 年欧洲市场文化体验活动，品牌溢价率提升。

未来的商业领袖，需兼具“子贡式”的敏锐洞察、“范蠡式”的战略格局、“任正非式”的变革勇气。在科技与文化的双重赋能下，构建“美美与共”的商业生态。这不仅是中华文明的现代性觉醒，更是人类文明从“丛林法则”向“花园法则”的伟大跃迁——让商业成为照亮他人的光，而非吹灭别人的灯。

① 沉浸式文旅：非遗 + 科技打造体验经济新标杆 [EB/OL]. 中研网，[2025-05-21].

现代社会对企业的社会责任要求越来越高，儒商精神应与可持续发展理念相结合。企业不仅要追求经济效益，还要关注社会效益和环境效益，实现经济、社会和环境的协调发展。

案例 1　福耀玻璃曹德旺的“员工吃饭比利润重要”实践

2008 年全球金融危机爆发时，制造业面临前所未有的挑战，许多企业选择通过裁员降低成本。然而，福耀玻璃董事长曹德旺却坚持“员工吃饭比利润重要”，拒绝裁员，提出应对策略：停止扩张性投资以避免资源浪费，加紧应收账款管理以增强流动性，同时通过全员培训和精益管理提升效率、降低成本。他通过技术手段（如调整折旧、库存管理）弥补利润缺口，而非削减人力成本，实现了保留员工岗位的目标。

柔性共情： 创办“德耀助学基金”，资助贫困学生超 10 万人，累计捐资超 110 亿元。

破局升维： 美国工厂冲突中，用“中美师徒制”化解文化隔阂，以“中国质量＋全球智慧”模式打破偏见，通过奥斯卡纪录片《美国工厂》展现中美合作真实图景，赢得国际认可。

案例 2　京东：“假一赔十”[①] 的“逆向信任”哲学

京东的“假一赔十”服务堪称电商界的“哪吒式担当”——用十倍赔偿风险换消费者“一假难求”的信任！

---

① 京东在帮助中心明确说明，“假一赔十”是平台联合国内知名保险公司推出的特色保险服务。消费者购买带有“假一赔十”标识的商品后，若经司法或专业机构鉴定为非正品，可申请十倍赔偿。该服务覆盖商品实付金额、鉴定费及运费，每订单累计赔偿限额为 2 万元。

硬核承诺：买贵商品有“假一赔十”标识？京东直接联合保险公司推出“十倍赔偿”，实付金额 + 鉴定费 + 运费全包，单笔最高赔 2 万元，把“假一赔十”从口号变成“金字招牌”。

逆向思维：别人靠“低价”吸引眼球，京东靠“高赔付”赢得口碑。消费者敢买高价商品，因为知道“假货找京东，真金不怕火炼”。

哪吒用牺牲小我拯救陈塘关，京东用“短期损失”换取长期信任。谁说电商只能靠低价？有时候，敢赔十倍，自会卖真货！

第五章

哪吒重生：破局即修行

创业是场修行，修行始于破局，终于肉身成道。

拓宽生命的宽度：以爱为引，以奉献为桥，与万物共赴山海。

深掘生命的厚度：用一生活出三生的价值。

长度终有穷尽时，厚重却由你定义。

第一节　无量仙翁的灵与肉

一、外在形象与内在本质的统一

无量仙翁在维护阐教体系中扮演着关键角色。他通过管理捕妖队执行相关事务，为体系的稳定运转提供了助力，也由此形成了相应的管理效能。元始天尊则借助无量仙翁的事务处理能力，协调一些需审慎推进的事宜，以促成体系的平稳维系与自身管理权威的良性构建。这种体系的稳定为当时的秩序奠定了基础，而在不同视角下，关于发展的探索本就存在多元路径。其治理模式中体现出的对局部权责的梳理，本质上是特定阶段下维系运转的一种实践方式。

无量仙翁总以慈眉善目的模样示人，亲和又可靠，轻易便能让人放下戒心。可他内里却藏着操控的心思，为了达成目标，常不惜动用旁门手段。

太乙真人见了，忍不住质问道："阐教本是名门正派，你怎能行此有违道义之事？"

无量仙翁却冷斥："你这敌我不分的蠢货！若仙家地位真能稳如磐石，若你们这些养尊处优的小辈，能有妖族一半勤勉，又何须我费这般力气？"

可即便有这般说辞，为了部门或家族的局部利益，就能做表里不一的"两面人"，就能背弃良知，甚至将外在的操守与内在的本心割裂开来吗？

这恰如企业的“面子”——外在形象。良好的形象能吸引客户、合作伙伴与员工，是企业立足的助力。但倘若只有光鲜的外表，内在却缺失诚信、道德与责任感，这般“面子”便成了空中楼阁，企业终究难成基业长青之事。

管理者唯有兼具诚实守信、公平正义与责任担当，且做到表里如一，才能行稳致远；反之，即便演技再高明，也终会迎来崩塌的临界点。

二、警惕利益的诱惑

无量仙翁为了维护阐教利益和自身权力，不惜进行大屠杀、收人炼丹等恶行。这反映出权力和利益对人的腐蚀。在企业经营中，企业家也面临着各种权力和利益的诱惑，如市场份额的争夺、利润的最大化等。如果企业家不能正确对待这些诱惑，可能就会采取不正当手段，损害他人和社会的利益。一些企业为了降低成本，使用劣质原材料，生产不合格产品；或者通过不正当竞争手段争夺客源。企业家在修行中要坚守道德底线，不被权力和利益冲昏头脑，以合法、合规、道德的方式追求企业的发展。

无量仙翁虽然对同门后辈有一定宽容和关爱，拿出仙丹让同门功力大增，但这并不能掩盖他的恶行。这说明一个组织不能只注重内部的小团体利益，而忽视了整体的道德和社会责任。企业家应建立健康的企业文化，明确企业的价值观和使命，让员工明白企业的发展不仅仅是为了追求利润，还要对社会负责。一个具有社会责任感的企业，能吸引优秀的人才，赢得社会的认可和支持。企业积极参与公益事业，关注环保、教育等社会问题，树立了良好的企业形象，也增强了员工的归属感和自豪感。

三、保持清醒的自我认知

无量仙翁对自己的行为缺乏正确的认知，他认为自己是以维护阐教的名义行事，不完全是为了自己，但实际上却造成了生灵涂炭。企业家在修行中要保持清醒的自我认知，客观地评价自己的行为和决策。要善于倾听群众的意见和建议，不断反思自己的经营理念和管理方式。当企业出现问题时，要勇于承担责任，及时调整方向，知错就改，而不是一味地推诿和逃避，甚至宁愿错到底，错上加错。

灵魂轻舞，肉身漫步，应云何往？心之彼岸，灵欲交织，降伏何难？

苏格拉底说：“肉体是灵魂的监狱。”儒家的诚意、正心、修身；道家的齐物、心斋、坐忘；佛家的戒、定、慧，其实都是在打开肉体这座监狱的门。

在商业世界的惊涛骇浪中，企业家既是时代的弄潮儿，更是文化与思想的引领者，做企业就是一场持续不断的人生修行。读书是提升企业家心性与格局的法门。清醒时踏实做事，迷茫时静心读书——你读过的书、走过的路，会在不知不觉中重塑你的认知，悄悄帮你褪去思想里的无知与肤浅。

正如有人所言：物质的贫穷，能摧毁人一生的尊严；而精神的贫瘠，却能耗尽人几世的底气。这份精神的富足，恰恰需要在书页间慢慢积淀，在知行合一中渐渐充盈。

企业家个体，在“道”与“形”的辩证中完成人性修炼，重塑商业与文化、科技与伦理的共生逻辑，在“破局”与“觉醒”的淬炼中抵达商业的本质与商道止境。

一个人要想在这个世界上有所作为，首先要有正确且全面的世界观。这意味着你需要主动去观察世界、了解世界的变化规律。如果一个人看不懂这个世界，他就难以理解中国；而不懂中国，就不可能看清自己。每个人的成长都离不开对环境的深刻理解，只有这样，才能在逆境中找到突破的方向。

破局即修行，“做企业就是人生修行”这一理念将企业经营与个人的自我成长和精神提升相联系。从本质上讲，它意味着在企业经营的过程中，如同修行一般，需要不断地学习、实践、反思和成长，以实现个人内在的蜕变和企业的成功发展。这一理念在一些企业家的经历和感悟中得到了体现。

企业家注定是用特殊材料铸就的群体，而非寻常凡夫俗子，并非人人都可以成为企业家，只有百炼才能成金；在觉知与自觉，博弈与抉择，革故与坚守中修行、精进，进而成就。

第二节　“修仙”的奇点：升维

一、降维与升维：宇宙法则下的商业逻辑

刘慈欣在他的《三体》中提出“降维打击”这一概念，这是对宇宙法则的宏大想象。

在高等文明面前任何反抗都是徒劳的，因为这些高等宇宙智慧已经进化到可以运用改变时空维度的方式对目标区域进行改造，高

维生物的“全知视角”类似“上帝视角”，低维生物无法直接感知高维空间，恰如《庄子·秋水》所说“夏虫不可以语冰，井蛙不可以语海”。

低维生物怎么生存与发展，只有一个选择：升维。

捉妖队为什么能轻松捕捉妖怪？降维打击。李靖一家的遭遇，本质上是一场“凡人 VS 神仙体系”的降维打击。

当无量仙翁启动直径达三公里的巨大炼丹炉——天元鼎时，那种不可一世的表情让人联想到当下高能企业、垄断企业对民营中小企业的“降维打击”。

《哪吒 2》风靡全球，靠的是什么？降维打击！1900 个特效镜头与 3D 水墨渲染技术，直接颠覆日本以 2D 手绘为主的产业惯性，东京动画协会理事直言“中国用 5 年走完日本 30 年路”。

二、时代变局：升维的紧迫性与可能性

《哪吒 2》的成功是中国文化自信、技术突破与时代需求共振的产物。当今时代，存在机遇与挑战的共生性。

生机盎然的机遇：中国正经历“技术革命”与“文化复兴”的双重浪潮，5G、人工智能、新能源等领域的突破，为产业升级提供底层支撑。

危机并存的挑战：全球产业链重构、地缘政治博弈、消费市场分化等不确定性，这些考验着企业的生存韧性。

面对这样的复杂环境，如何把握机遇、洞察趋势、利用优势实现自身的升维。这不仅是每一个企业家必须思考的问题，也是推动企业持续发展的关键所在。

旧秩序的终结不是毁灭，而是如鸿钧道人“一道传三友”般的分化重组。在这个光速迭代的奇点时代，唯一的天命或许是谁能在混沌中率先定义人机共生的“新正道”维度，谁将执掌封神榜的书写权。当前世界正处于前所未有的大变局中，旧有的国际秩序和规则正在被打破，一场前所未有的秩序重构正在悄然发生。

个体命运与集体命运的交织，个体的命运往往受到全球变局的影响。在这个新时代，企业家需要重新审视并重塑社会的价值观和规则体系，应对创新与变革的需求，以适应快速变化的世界。

在蒸汽机问世及发电机诞生之际，那些封建时代的贵族逐渐退出了历史舞台。时至今日，在技术革新的浪潮下，传统势力又一次被颠覆。回想当年那些叱咤风云的人物，又有多少人会提及他们呢？

这种背景下，如何在模式迭代过程中找到自身价值尤为重要。对于中小企业来说，在竞争激烈的市场环境中生存，一个有效的策略是既要创新，也要巩固自身的竞争优势，特别是“守好自己的护城河”。如果无法实现模式迭代，那么就应该储备足够的物资，等待机遇的到来。如果方向错误，不要固执地坚持到底。因此，当存量资源被重新激活时，困境可以转化为突破的动力，务必为自己留下最后的物资保障。

《哪吒2》与DeepSeek的成功并非孤立现象，而是中国“文化复兴”与“科技革命”交织的必然产物。它们共同印证了一个趋势：当五千年的文明积淀与当代创新动能结合，中国不仅能重塑自身发展逻辑，也将为全球提供“技术普惠”与“文明互鉴”的新范式。这一进程既是中华复兴的缩影，也是人类探索多元现代性的重要篇章。

三、升维实践：企业家的维度跃迁案例

企业家“修仙”之路怎么走？升维！升维就是站在更高的角度看待问题，洞察事物的本质。缺乏深度思考，勤奋会变成徒劳，只讲吃苦，不讲苦从何来，那只有吃不完的苦。升维涵盖模式、价值、战略、商业愿景、技术等多个方面。

从“制造”到“智造”，从“产品思维”到“生态思维”的跃迁。既是企业家的“天劫”，也是隐藏其中的“天机”。这种转变不仅要求企业在技术上进行升级，而且需要企业家在思维模式和战略定位上做出根本性的改变。

案例 1　王传福：新能源革命的“技术信仰”

机缘背景：2003 年，比亚迪收购秦川汽车，跨界造车遭资本市场看空。

机中顿悟：垂直整合，王传福坚持“电池、电机、电控”全产业链自研，刀片电池通过针刺实验，安全性超越三元锂电池；战略定力，在特斯拉降价冲击下，比亚迪推出“油电同价”策略，2024 年 5 月，秦家族单月销量破 5 万。

机后飞跃：2024 年，比亚迪新能源汽车销量占全球 23%，当传统车企还在传统动力系统维度内卷时，王传福以“技术为王、创新为本”的升维战略，引领产业变革，将新能源革命升维为重塑全球汽车产业格局的维度战争。

案例 2　曹德旺：全球化中的“文化自觉”

机缘背景：2016 年，福耀玻璃美国工厂遭遇文化冲突，员工罢工要求成立工会。

机中顿悟：本土融合，曹德旺推行“中美混合管理”模式，保留中国“师徒制”技术传承，引入美国“8 小时工作制”构建东西方管理文化融合的新维度；价值输出，投资 1 亿美元建设社区学院，培养本土技术工人，美国工厂利润率反超国内。

机后飞跃：福耀玻璃全球市占率达 30%，曹德旺以“敬天爱人”的东方智慧，将文化冲突转化为升维机遇，将工厂管理从对立维度升维为共生体系；通过社区教育构建的人才生态维度，将短期雇用关系升维为长期价值共同体。将文化差异升维为竞争优势，将冲突维度升维为共生维度的商业范式革命，打造全球化 2.0 样本。

四、升维的本质：认知与战略的跃迁

企业家精神的本质在于通过战略升维实现持续创新，这种升维不仅体现在技术维度的突破,更在于认知维度的超越。以“上兵伐谋”的战略智慧为根基，真正的商业领袖始终在进行维度跃迁——华为长达三十年的技术研发投入正是典型例证。当行业还在争夺市场份额时，任正非已将企业战略升维至“技术驱动”的顶层维度，即便遭遇美国技术封锁的打击，其积累的 5G 专利壁垒依然构成对竞争对手的护城河。这种认知维度博弈的深层逻辑正如《华为的冬天》中所揭示的，“十年来我天天思考的都是失败，对成功视而不见……

也许是这样才存活了十年”“华为没有成功，只是在成长”[①]。本质上是企业家精神对抗熵增定律的维度战争——认知升维，当其他企业在二维平面竞争时，卓越的企业早已构建出三维的战略纵深。

企业家精神的本质在于通过维度跃迁开辟新赛道，这种升维能力是穿越商业周期的核心竞争力。当主流电商平台在一二线城市陷入流量红海时，黄峥以“生态位升维”的战略智慧，将商业战场从城市维度跃迁至县域市场，精准捕捉到下沉市场的价值洼地。通过社交裂变模式构建的生态，本质上是重构了电商交易的维度结构——将传统货架式零售升维为社交关系链驱动的裂变经济，既规避了巨头在既有维度的竞争压制，又创造了全新的商业物种。这种升维创新不仅打破了市场饱和的假象，更通过需求维度的重新定义，将农村电商从边缘生态升维为主流市场的重要增长极。

开创未来是企业家精神的重要特质，无论身处任何时代都不会改变。

敢于冒险是任何时代企业家都具备的特质，这里的冒险并非莽夫之勇，而是敢为天下先、敢于承担风险的勇者精神。曹德旺把汽车玻璃做到宇宙级精度，在竞争激烈的市场中不断探索，在汽车玻璃领域构建起不可逾越的技术护城河。承担技术研发和市场拓展的风险，敢于冒险的深层逻辑，实则是认知维度的跃迁，将商业竞争从价格维度升维至技术维度的智者远见：在技术维度建立的绝对领先，既规避了同质化竞争陷阱，又通过质量壁垒形成对下游产业链的降维掌控。

---

① 任正非 . 华为的冬天 [J]. 管理与财富，2008（8）：66-69.

企业真正的“修仙”，不是苦练旧维度的法术，而是锻造劈开维度的混天绫——在认知与技术的双重奇点中，跃迁至对手无法企及的维度。

许多在低维度看似无解的难题，在高维度中却变得简单明了。

升维不仅仅是战术上的调整，更是战略层面的全面升级。它要求企业具备前瞻性的视野，能够洞察行业趋势，把握未来发展方向。

第三节　企业家成长：道与形

从农耕到工业，再到信息文明，工具理性（科技、效率）和价值理性（文化、伦理）就像两驾马车，牵引着人类前行。而今天，企业家正站在这场“成仙考试”的最前沿，如哪吒般喊出“我命由我不由天”，揭露仙界真相后认为“这个仙不成也罢”，象征企业家以透明化和真实性赢得公众信任，以创新构建新的价值体系，构建新的商业模式，打破旧有规则的束缚，打破传统的身份枷锁，映射出企业家成长中“道”与“形”的深层考量。

在探讨企业家成长的“道”与“形”时，我们可以从多个角度来理解这一概念。这里的“道”可以理解为企业家的精神特质、价值观、理念等内在因素，而“形”则可以理解为企业家的行为模式、管理方法、企业运营等外在表现。

企业家成长的“道”与“形”是相互关联、相互影响的。内在的精神特质和价值观（“道”）决定了企业家的行为模式和管理方法

（“形”），而后者又反过来影响和塑造前者。因此，企业家在成长过程中需要不断修炼内在的精神特质，同时也要不断提升自己的管理和创新能力，以适应不断变化的市场环境。

企业家的终极使命不仅创造利润，更是构建动态价值网络——在权力、资源与伦理的三元悖论中，以“逆天改命”的魄力，推动制度创新、生态可持续与社会包容。正如《周易》所言：“形由道而立”，唯有以文化为根、科技为翼，方能在变局中开辟新局，书写属于这个时代的管理神话。

一、道与形的平衡：企业家的智慧

对于企业家而言，心性决定管理。方太集团董事长曾说：“企业家最大的乌云是不明和贪欲。”想要成功，先修“心”，明心明理、净心净意。稻盛和夫提出“利他之心”，员工、客户、社会共赢，企业才能长青。企业不是靠“算计”活着，而是靠“真诚”赢得人心。

道是无体之名，形是有质之称。这里的“道”指的是企业的核心价值观、使命和愿景等无形的指导原则，而“形”则指的是企业的具体业务、产品和服务等有形的实体。在“效率工具”与“价值内核”间找到平衡，如何在两者之间找到平衡，是每个企业家都需要思考的问题。

“道”是企业发展的灵魂，它决定了企业的方向和目标。一个企业的“道”通常包括以下几个方面。

核心价值观：企业的核心价值观是企业文化的基石，它决定了企业的行为准则和决策方向。

使命：企业的使命是企业存在的理由，它回答了企业为什么存在的问题。

愿景：企业的愿景是企业未来的发展目标，它为企业指明了前进的方向。

“形”是企业发展的基础，它决定了企业的生存和发展。一个企业的“形”通常包括以下几个方面。

产品和服务：企业的产品和服务是企业生存的基础，它们决定了企业的市场竞争力。

业务模式：企业的业务模式是企业运营的方式，它决定了企业的盈利能力和可持续发展能力。

组织结构：企业的组织结构是企业运作的框架，它决定了企业的管理效率和执行力。

常言道：练气不练功，到老一场空，还有一句话说“只知修性不修命，此是修行第一病。”

企业家在经营企业时，需要在“道”与“形”之间找到平衡。只有这样，企业才能在激烈的市场竞争中立于不败之地，实现可持续发展。通过明确企业的核心价值观、制定清晰的使命和愿景、注重产品的质量和创新、优化业务模式和组织结构，企业家可以在“道”与“形”之间找到最佳的平衡点。

二、企业成长中之人性化管理

人性化管理是由现代行为科学演变出来的一种新的管理概念，是在充分认识人性的各个方面的基础上，按照人性的原则去管理，利用和发扬人性中有利的东西为管理和发展服务。同时对于人性中不利的一面进行抑制，弱化其反面作用。人性化管理是现代企业管理的重要趋势，它要求企业在管理过程中充分考虑员工的需求和感受，通过建立良好的企业文化、提供良好的工作环境、注重员工的职业发展、建立良好的沟通机制等方式，实现企业和员工的共赢。

（一）“高绩效≠高幸福感”，过度追求目标反而会摧毁团队

“万龙甲”不是铠甲，是枷锁：企业如果只给员工“绩效指标”却不关注心理需求，就像给敖丙套上“龙族命运”，最终只会让团队“内耗”。

“身份认同”比“任务完成”更重要：敖丙的悲剧在于，他始终觉得自己是“龙族的工具”，而不是“自己的主人”——企业需要让员工找到“为什么而战”的意义！

在职场中，高绩效往往代表着高产出、高效率，能够为企业带来显著的业绩提升。然而，高绩效并不等同于高幸福感。许多团队为了追求高绩效，会设定过高的目标和严格的考核制度。例如在某些企业中实施末位淘汰制，这种高压的工作氛围会让员工身心疲惫，承受巨大的心理负担。

团队在追求高绩效的同时，不能忽视员工的幸福感。绩效考核不分员工类型、禀赋，一旦从管理工具异化为数字牢笼，便会将灵魂“钉死”在 Excel 表格的“十字架”上。只有实现高绩效与高幸福感的平衡，团队才能健康、可持续地发展。

（二）“冲突≠灾难”，“共同目标”是黏合剂

共同目标可以作为化解冲突的有效手段。当员工之间出现冲突时，共同目标能够引导他们从企业整体利益的角度出发，重新审视自己的立场和观点。员工会明白，虽然在某些具体问题上存在分歧，

但最终的目标是一致的。因此，他们会更愿意通过沟通和协商来解决冲突，而不是陷入无休止的争吵和对抗。

职场中层最怕的，不是能力不足，是价值观错位！

“价值观筛选”比“绩效考核”更重要：选人不能只看“能干啥”，更要看“信啥”，一个信奉“成仙”的人，怎么可能忠于“成妖”的组织？

哪吒与敖丙的“敌友博弈”：团队冲突管理的终极答案。

哪吒和敖丙一开始是“魔丸 vs 灵珠”，但最终却联手对抗阐教，从“对手”到“战友”的反转——这不就是“竞合理论”的真实写照？

“竞争”是表象，“共赢”才是内核：两人因立场不同而产生冲突，但当共同敌人出现时，利益最大化的方式不是“单打独斗”，而是“1+1 ＞ 2”！

管理启示：“冲突≠灾难”。团队内部的分歧如果引导得当，反而能激发创新——就像哪吒的“风火轮”和敖丙的“万龙甲”，合体后直接秒杀对手！

“共同目标”是黏合剂。企业如果能让员工看到“我们为什么一起奋斗”，再大的矛盾都能化解——毕竟，连哪吒和敖丙都能从“互撕”变成“并肩作战”！共同目标为企业的发展提供了方向和动力。在人性化管理模式下，企业充分开掘人的潜能，让员工围绕共同目标发挥自己的优势和能力。全体员工在共同目标的指引下，能够形成强大的合力，共同应对各种挑战和困难，推动企业不断前进。

（三）点燃员工“风火轮式”内驱力

太乙真人虽然本人好吃懒做，能力平庸，但在带徒上很有一套，他说“我教的是法术，更是做人”，而我们要说：“管理不是教员工做事,而是教他们成为更好的自己！”哪吒的终极蜕变源于自我觉醒，非外力强迫。企业管理者要让每个员工都能像哪吒一样，冲破“天命”，活出自己的“风火轮”！在企业管理中，帮助员工成为更好的自己，就如同哪吒一般，脚踏风火轮，勇往直前、绽放光芒，具有重要意义。

太乙真人允许哪吒试错，仅在关键时刻点拨（如大闹天宫后的重生引导）。这与现代管理中的“情境领导”不谋而合。

初级员工：像太乙真人为哪吒提供“风火轮”（基础工具），明确规则边界。

成熟骨干：如敖丙与哪吒协同作战时，管理者退居幕后，成为资源协调者而非指令发布者。

太乙真人看似天天喝酒打盹，却总能把哪吒这团“炸药包”调教成“守护者”，其实是最会“管理人”的？这背后，藏着现代管理者最该学的“人性管理”智慧。

“不听话”的哪吒怎么管？“放手”才是最好的“掌控”：太乙真人的秘诀是：“不控制，只引导”“无为而治”！

“微小进步”也要夸：哪吒哪怕打翻一瓶酒，太乙真人都忍不住说“好小子,这招悟得快！”——正向反馈是激发潜能的“兴奋剂”！

太乙真人的“山河社稷图”是啥？就是让哪吒自己在“试错”中成长——就像现代企业搞“创新实验室”，允许员工“失败”，但必须从失败里学到东西。

太乙真人的管理智慧：“放手让员工自己干”，与其反复干预，不如给个方向，让他们在“自由探索”中找到最佳解——真正的管理者，是“导演”不是“演员”！

哪吒的逆袭证明：“没有坏员工，只有不会管理的老板”！“打压式管理”＝自毁长城：如果太乙真人天天念“你要听话”，哪吒大概率还是个“捣蛋鬼”；“赋能式管理”＝双赢：给哪吒自由空间＋正向反馈，最终让他从“破坏力”变成“保护力”，“魔丸”也能变“守护者”——这才是真正的“管理艺术”！

别忘“正向反馈”：一句表扬，可能比十次批评都管用！

正如太乙真人以方言打破神仙刻板印象，现代管理亦需挣脱“标准化”枷锁。当组织愿为员工栽下七色宝莲（多元成长土壤），每个人终将驾驭自己的风火轮，在看似注定的职场宿命中，劈出一条涅槃之路——因为真正的管理之道，是让平凡者绽放，让叛逆者发光，让迷失者重燃希望。

三、企业家成长之情绪管理智慧

道家说“顺应自然”：情绪像风，别硬抗，学会“借力打力”。在道家看来，情绪的产生是人体内外能量失衡的表现，可能源于个体的情绪波动、思想纷扰、生活压力等多种内外因素。我们应认识到情绪是自然的一部分，就像自然界的风雨一样，有其发生、发展和消退的过程。接纳情绪的存在，不将其视为敌人，而是把它当作了解自己内心的信号。

儒家说“修身养性”：情绪管理不是“控制”，而是“自我修炼”。从接纳开始，走向内在和谐。在儒家看来，情绪管理并不是压抑或控制情绪，而是一种自我修炼的过程。

（一）情绪本身不是问题，如何引导才是关键

职场中的“情绪内耗”。员工情绪波动，管理者第一反应是“效率又下降了”，然后强行要求“别消极”，结果员工开始“被动攻击”“拖延症晚期”：就像哪吒因身份认同暴走，职场新人也可能因规则束缚产生叛逆——压抑情绪≠解决问题，反而埋下隐患。

千万不要让情绪演变成“情绪表达”！

“定心咒式管理”=反效果：像无量仙翁对敖丙的操控，员工表面服从，实则内心崩溃——情绪资本管理，不是控制，是疏导！

（二）“以情胜情”：爱是最强的“情绪资本”

第一招，共情沟通，少点“你应该”

“先听，再讲”：员工绩效不佳时，先问“最近遇到什么困难？”而不是“你怎么又拖后腿？”——哪吒踢飞李靖时，李靖没骂他“你怎么这么不懂事”，而是笑着接住。——共情是打开心门的钥匙！

第二招，营造心理安全，允许“试错”

“失败也是成长”：哪吒在山河社稷图中不断试错，太乙从不打压——职场中，允许员工试错，才能激发创新；

“别做情绪警察”：员工没有完成业绩指标，别急着说“你不够努力”，而是说“我们一起找找哪里可以改进”——安全感比压力更能激发潜力！

第三招，情绪转化，把“愤怒”变“动力”

“把戾气变成勇气”：哪吒的愤怒最终化作对抗天劫的力量——职场中，员工的挫败感可以转化为突破瓶颈的动力。

（三）"目标导向"比"情绪压制"更有效

哪吒的目标从"我是魔丸"变为"我要保护陈塘关"——管理者要帮员工找到情绪背后的"意义"！

别把情绪当"病毒"，它可能是创新的"催化剂"；别逼员工"表面服从"，要让他们"真心认可"；别怕"失控"，真正的掌控，是让每个人都能自由燃烧！

企业以"以情胜情"的理念进行管理，会在员工和社会中树立良好的形象。员工会因为在这样的企业工作而感到自豪，并且愿意向外界宣传企业的文化和价值观。同时，社会也会对这样富有爱心和人文关怀的企业给予认可和赞誉，从而提升企业的社会影响力和美誉度。

（四）从"魔性"到自我赋能

哪吒的暴躁与敖丙的压抑，折射出职场中常见的情绪困境。太乙真人以"无为而治"引导哪吒释放天性，李靖夫妇以"以情胜情"化解其心魔，这恰是情绪管理的双重路径：一方面尊重个体差异，另一方面通过情感支持建立信任。管理者需关注员工心理状态，避免"结果导向"的冰冷考核，转而营造包容的成长环境。

情绪管理不仅仅是控制情绪的表现，更是认知自我的重要过程。通过情绪管理，个体可以从"魔性"中解脱出来，实现自我赋能，从而在个人成长和职业发展中取得更大的成就。

情绪管理不是"压着情绪不许动"，而是让"魔性"变成"超能力"。就像哪吒一开始暴躁得像炸药包，敖丙压抑得像弹簧——现实中的职场，是不是也常见这两种“情绪困境”？太乙真人用“无为而治”帮哪吒释放天性，李靖夫妇用“以情胜情”化解心魔，这其实就是情绪管理的双重解法。

赋能而非压制：像谷歌的“20% 自由时间”，让员工在自己感兴趣的领域发泄创造力，暴躁也能变成“创新燃料”。

管理者别只看员工“听话”，得看他们是不是在“自我压抑”。要像李靖夫妇一样，用情感支持打破“情绪枷锁”。

四、企业家成长之组织管理方法

（一）柔性领导力：顺应人性与激发潜能

柔性领导力所依托的柔性管理，是一种以人为中心的“人性化管理”“让员工自己长本事”。它基于对人的心理和行为规律的研究，采用非强制性方式，在员工内心形成潜在说服力，将组织意志转化为个人自觉行动。这种管理并非依靠权力影响力，而是依赖员工内心激发的主动性、内在潜力和创造精神，具有显著的内在驱动性。

领导不是要控制员工，凡是你想控制的，其实都控制了你自己。凯文·凯利在其经典著作《失控：机器、社会与经济的新生物学》中说：“别去控制别人，去中心化的社会结构关系已经成为趋势。连接才是王道，单个进化体的价值，由他和这个系统连接的数量和质量来决定”。

领导力不是“发号施令”，而是“牵牛鼻子的艺术”。就像哪吒的师傅太乙真人——没天天盯着他练功，反而用“山河社稷图”让他自由探索，结果哪吒在“野路子”里练出了真本事。真正的柔性领导力，就是让员工像哪吒一样，在“自由探索”中长本事！

1. 尊重员工个体差异

柔性领导力强调根据员工的个人需求和能力，灵活调整工作安排和岗位要求。弹性工作时间和工作地点，以更好地平衡工作和生活。

2. 开放、透明的沟通

建立开放和透明的沟通渠道，确保员工了解企业战略目标和期望，并能参与决策过程。通过这种方式，员工感受到被尊重和重视，他们的意见和想法能够得到表达和倾听，从而增强员工的归属感和责任感，进一步顺应人性中对尊重和平等的需求。

别当“神仙教条”，要当“人性化导师”。柔性领导力就是“以柔克刚”的管理术。它不靠命令，靠“共情 + 赋能”，让员工在“自由”中长出责任感，在“试错”中练出真本事，让员工自我成长、自我突破。

3. 提供良好的工作环境和发展机会

柔性管理将员工视为企业最重要的资源，通过提供良好的工作环境和发展机会，激励员工发挥最大潜力。别当“标准化流水线”，当“量体裁衣的裁缝”。看性格，高潜力但叛逆的员工，别打压，给他挑战性任务；看动机，有人要“权力”，有人要“自由”，匹配不同激励方式；看成长曲线：新人需要手把手教，老将需要放权，别搞“一刀切”。

山河社稷图 = 自由探索区：哪吒在图里“大闹天宫”，太乙真人不拦他，反而让他在“失败”中学习控制力量；

乾坤圈 = 容错机制：哪吒魔性大发，太乙真人用乾坤圈封印他，但不是直接“关禁闭”，而是设置安全机制。

资源 + 信任：如腾讯的“赛马机制”，给团队资源，将资源从“顶层设计”转向“市场验证”，让真正满足用户需求的产品脱颖而出。

“用行动证明信任”：如阿里“361 考核”，允许员工自己定目标，领导只负责“兜底”。

柔性领导力就是一句话：“你不用管他们怎么干，只要让他们知道自己为什么而干。”——就像哪吒最终不是被“管”出来的英雄，而是被“激发”出来的斗士！在柔性领导方式下，员工在灵活的工作环境中更容易提出新想法和解决问题的方法，从而提高了员工的创造力和创新能力，推动了企业的创新和发展。

（二）组织文化与权力结构的反思：打破“神仙打架”模式，重建公平游戏规则

权力型组织文化的核心缺陷是决策依赖个人权威，规则弹性过大，导致远离权力中心者丧失话语权。将等级制与个人权威合理化，使公众默认“权力集中 = 高效决策”。

典型症状：资源争夺内耗（“神仙打架”）、员工被动执行、创新响应迟缓。

组织文化不是“神仙开会”，而是得让“凡人也能上天”。就像《哪吒 2》里仙界靠“绿卡”垄断资源，龙族被压在底层——现实中的企业，也得警惕“资源垄断”“伪正义”这些隐形陷阱。

（三）重建公平规则路径

打破等级固化，别让“神仙”垄断资源。核心资源总被高管或

“红人”部门垄断，基层员工晋升像登天。比如某大厂内部创业项目永远被“嫡系”团队拿走，新人连试错机会都没有。

扁平化架构：别让层级像“天庭官僚体系”一样深不见底。腾讯的“去中心化”模式，直接让小团队能对接大老板。

透明晋升机制：别搞“背靠大树好乘凉”，得让能力说话。比如阿里“361 考核”，谁干得好谁上，不看你后台硬不硬。

资源民主化：像 3M 的“15% 自由时间”，让每个员工都有“试错预算”，别让资源只流向“嫡系”。

警惕“伪正义”：别让口号变成枷锁。企业喊“奋斗者文化”，结果 996 成了标配；说“员工福祉”，却给加班披上“爱公司”的外衣。

价值观落地：别光贴墙上的标语，得“真金白银”兑现。比如华为“狼性文化”背后是“高福利 + 高回报”，员工才愿意拼。

反形式主义：别让“员工关怀”变成“发个水果篮就完事”。比如字节跳动的“心理健康日”，直接给员工时间去心理咨询，比喊口号实在。

员工当裁判：定期搞“匿名吐槽大会”，让员工说真话，别让“伪正义”蒙混过关。

变革管理，从“听话的哪吒”到“造反的英雄”很多企业还在“优化旧游戏规则”，却忘了“游戏本身可能有问题”。比如传统零售业还在研究怎么优化库存，却没意识到电商已经改写规则。

破局思维：别当“规则遵守者”，得当“规则重构者”。比如特斯拉砸了“燃油车 = 刚需”的认知，直接把电动车玩成“科技产品”。

跨界打劫：别死守行业边界。比如小米从手机跨界做生态链，雷军提出“人车家全生态”战略，从手机制造商转向智能出行服务商。

2024 年，小米汽车 SU7 上市首年交付量突破 1 万辆[①]，印证了“在智能生态的浪潮里，固守手机如同刻舟求剑”的商业逻辑。连扫地机器人都能卖爆——这就是“用新逻辑打旧市场”。

哪吒式逆袭：从“被动适应”到“主动颠覆”。比如 Netflix 从 DVD 租赁转型流媒体，直接把竞争对手干趴下——这就是“破而后立”的终极形态。

以情胜理，别让员工觉得你在“榨汁”。很多公司只靠“绩效奖金”驱动员工，结果干着干着就干“秃”了。

情感驱动：别只看“数据”，得看“温度”。比如某互联网公司搞“家庭日”，让员工带娃上班，直接提升归属感；个性化关怀，别搞“一刀切福利”。比如腾讯允许员工用积分兑换“健身补贴”“育儿假”，让员工觉得“公司懂我”；以情胜情，像管理者也得用“共情”打动员工。比如新冠疫情期间，某公司 CEO 带头减薪保岗位，员工反而更拼命干活——这就是“情感反哺”。

组织文化 = 打破“神仙套路”，重建“凡人逻辑”。别让“神仙”垄断资源。资源要像“山河社稷图”一样，让所有人能自由探索。别让“口号”蒙混过关：价值观要像“哪吒的混天绫”一样，绑住行动，不是嘴上说说。别当“规则服从者”：得学哪吒，砸了旧天元鼎，用新规则打天下。别只靠“绩效鞭子”：得学李靖，用“情感纽带”让员工心甘情愿拼。

真正的组织文化，不是让员工“听话”，而是让他们觉得：“这家公司不是神仙圈地，而是凡人也能闯出一片天！”

---

① 小米汽车：7 月小米 SU7 交付量破万，8 月交付量将持续破万台！预计 11 月超额完成年度 10 万台目标 [EB/OL]. 和讯网，[2024-08-01].

（四）团队协作与危机应对：别学“神仙打架”，要学“凡人抱团”

1.“神仙打架”的弊端

“神仙打架”往往体现出个人主义、各自为战的特点，缺乏团队协作的精神。在一些情境中，可能就像《哪吒2》中申公豹以一敌三那样，如果过度依赖核心成员个人能力，而忽视团队整体的协作与配合，会存在诸多问题。一方面，核心成员压力过大，一旦其出现失误或者无法应对危机时，整个团队将陷入困境；另一方面，其他成员的能力得不到充分发挥和锻炼，团队整体的凝聚力和协作能力也难以提升。并且，如果团队成员之间像神仙一样存在分歧、各自为战，缺乏统一的目标和协作，在面对危机时很难形成有效的应对策略，会导致危机应对效率低下，甚至可能使危机进一步恶化。

2.“凡人抱团”的优势

相互支持与配合：“凡人抱团”强调团队成员之间相互支持、紧密配合。就如同在成功应对地震灾害的案例中，团队成员各司其职，高效沟通，紧密配合，充分发挥团队协作精神。每个人都清楚自己的角色和职责，能够在团队中找到自己的定位，通过相互协作来完成任务，提高工作效率。

营造良好氛围：这种模式下，团队成员之间能够建立起信任与安全感。大家积极倾听彼此意见和想法，坦诚表达自己的看法，避免隐瞒或掩饰，减少误解和猜疑。同时，尊重个性，反对任何形式的偏见和歧视，营造出一个公平、公正、包容的团队氛围，有利于激发团队成员的积极性和创造力。

增强凝聚力：当团队成员像凡人一样抱团时，能够共同构建团队的愿景和使命，明确团队目标。这种共同的目标能够激发团队成员的集体荣誉感，增强团队的凝聚力和向心力，使大家为了同一个目标而共同努力。

资源共享与经验互补：“凡人抱团”可以实现资源共享和经验互补。在危机应对中，不同成员拥有不同的资源和经验，通过团队协作能够将这些资源和经验整合起来，提高应对危机的能力。例如在某公司火灾应对案例中，团队成员通过协作，制定应急预案，组织员工培训，定期演练，充分利用各自的资源和经验，减少了人员伤亡和财产损失。

快速响应与分工明确：面对危机，“凡人抱团”的团队能够迅速响应。团队成员会根据各自的特长和资源进行合理分工，提高工作效率。就像地震救援团队一样，迅速组织救援，分工合作，各司其职，确保救援工作有序进行。

有效沟通与协作精神：在危机应对过程中，有效地沟通至关重要。“凡人抱团”的团队成员保持信息畅通，及时分享危机相关信息，确保团队成员之间的信息共享。同时，鼓励团队成员相互支持、协作，共同应对危机，能够更好地解决危机中的各种问题。

3. 如何做到“凡人抱团”

建立信任与沟通机制：积极倾听团队成员的意见和想法，努力理解他们的观点，展现出尊重和关注；勇于表达自己的看法和感受，避免隐瞒或掩饰，以减少误解和猜疑。坚决反对任何形式的偏见和歧视，尊重并接纳团队成员的个性差异，营造一个公平、公正、包容的团队氛围。

明确团队目标：激发团队成员的集体荣誉感，共同构建团队的愿景和使命，设定明确、具体、可量化的团队目标，确保每个成员都能理解并致力于实现这些目标。目标要与团队和公司的整体战略保持一致，确保团队的努力方向正确。

合理分工与角色定位：确保每个团队成员都了解项目或任务的目标，以及他们在实现这些目标中应承担的责任。根据团队成员的技能和专长进行合理分工，制订详细的工作计划，包括时间表、里程碑和关键任务，让团队成员清楚地了解自己的工作进度和期望成果。

在团队协作与危机应对中，“凡人抱团”式的协作方式能够凝聚团队力量，提高沟通效率，有效处理冲突，提升团队整体能力，从而更好地应对各种危机，实现团队目标。

（五）质量管理：细节成就爆款，别当“差不多先生”

在质量管理中，细节往往决定成败。一个小小的细节失误，可能会导致整个产品质量出现问题。产品不是“差不多就行”，得“极致到让人心动”。就像《哪吒2》1900个特效镜头＋细腻情感刻画，硬生生把国产动画玩成“票房神话”！

建立完善的质量管理体系和严格的质量标准是提升质量管理的关键。像《哪吒2》的每个细节都打磨到极致。企业也得在“技术壁垒”上狠下功夫。别光看参数，得让用户“有感觉”。比如小米手机早期靠“性价比”火起来，后来靠“MIUI系统＋米粉文化”留住人心。

员工是质量管理的执行者，加强员工培训和教育，提高员工的质量意识和专业技能至关重要。员工应养成注重细节、把本职工作做细做实做到位的习惯，严格按照标准作业，不随意简化作业程序，杜绝“差不多”思想。

企业家运用组织管理智慧，不断提升领导力，不仅能提升个人的决策质量和执行力，真正实现“产品标准极致化”“组织利益深度绑定”“信任授权敏捷迭代”三重目标，还能够全面提升企业的整体竞争力和可持续发展能力。企业家需持续在“实践反思超越”循环中实现领导力升维，最终使组织具备“预见性适应能力”——这正是可持续发展的核心密码。

五、用“规则 + 弹性”双轨机制驾驭哪吒式员工

（一）哪吒式员工的特点与管理挑战

哪吒式员工往往具有较强的个性和独特的能力，他们可能充满创造力和创新思维，但同时也可能难以管理，对传统规则和约束有抵触情绪。在电影中，太乙真人根据哪吒好动、叛逆的性格，将法术融入踢毽子等兴趣活动中，让学习变得有趣。例如，在“山河社稷图”中设计模拟场景，帮助哪吒掌控力量。员工的个性化需求管理，最终目标是让每个人都能在组织中找到“自我定义”的价值感——这正是现代职场“人性化管理”的核心所在。

在企业中，这类员工可能会在工作中展现出超出常规的想法和做法，既能为企业带来创新的活力，也可能因为不遵守规则而引发一些问题，给管理带来一定挑战。传统单一的管理模式难以完全适应他们的特点，因此需要“规则 + 弹性”双轨机制。

（二）“规则”机制的作用与构建

规则机制是企业正常运营的基础，对于哪吒式员工也不例外。规则机制能为团队建立基本的秩序和标准，确保各项工作的顺利开展，避免因哪吒式员工的个性行为影响团队整体效率和目标达成。例如，为哪吒式员工设定清晰的工作目标和职责，让他们清楚知道自己的工作方向和任务要求。明确的工作流程和质量标准能让哪吒式员工清楚地知道工作的基本要求，保障工作结果的稳定性。

制定明确的规章制度：涵盖考勤、工作纪律、保密制度等方面，确保所有员工都清楚知晓行为边界。如《员工手册》中详细规定了考勤时间和请假流程，让哪吒式员工明白按时上班和遵守请假制度是基本要求。

设定合理的绩效目标：根据团队整体目标和岗位需求，为哪吒式员工制定可衡量、可达成的绩效目标。例如，销售岗位设定明确的销售额和客户拜访量目标，通过量化指标来评估工作表现。

建立公平的奖惩机制：对遵守规则、表现优秀的哪吒式员工给予奖励，对违反规则的行为进行相应处罚。如设立月度优秀员工奖，对工作成果突出且遵守规则的员工进行表彰和奖励；对于多次迟到、违反保密制度等行为，给予警告、罚款等处罚。

（三）“弹性”机制的作用与实施

弹性机制则是为了适应哪吒式员工的特点，能充分发挥哪吒式员工的创造力和潜力，满足他们对工作自主性和个性化的需求，提高他们的工作满意度和忠诚度。例如，给予一定的创新空间，能激发他们提出新颖的想法和解决方案。

工作方式的弹性：允许哪吒式员工在一定范围内选择工作时间和地点，如实行弹性工作时间制度，让他们可以根据自己的生物钟和工作习惯灵活安排工作时间；对于一些创意性工作，允许他们在家或其他合适的场所完成。

项目参与的弹性：根据哪吒式员工的兴趣和特长，让他们有机会参与不同的项目。例如，公司开展多个创新项目时，员工可以自主选择参与其中一个或多个项目，充分发挥自己的优势。

职业发展的弹性：为哪吒式员工提供多样化的职业发展路径，不局限于传统的晋升模式。比如，对于技术型哪吒式员工，可以设立技术专家通道，让他们专注于技术研发和创新，而不必一定要晋升到管理岗位。

（四）“规则 + 弹性”双轨机制的协同运用

1. 平衡规则与弹性的关系

在管理哪吒式员工时，要把握好规则和弹性的度，既不能因过度强调规则而压抑他们的创造力，也不能因过度弹性而导致团队秩序混乱。例如，在执行工作流程规则的同时，对于一些创新性工作环节可以给予一定的弹性空间，鼓励他们尝试新方法。

2. 沟通与反馈

建立良好的沟通机制，定期与哪吒式员工进行交流，了解他们对规则和弹性机制的感受和需求，及时调整管理策略。例如，每月组织一次一对一的沟通会议，听取员工的意见和建议，根据反馈优化规则和弹性措施。

总之，运用“规则 + 弹性”双轨机制驾驭哪吒式员工，能在保障团队秩序和目标达成的同时，充分发挥他们的优势和潜力，实现团队和员工的共同发展。

（五）“规则 + 弹性”双轨机制在团队建设中的具体应用

刚柔并济的管理的核心是“在规则与自由之间找到平衡点”，不是靠压着他们，而是用“高压电网”兜住底线，用“自由空间”激发创造力。

1. 目标管理：把“天马行空”变成“可执行计划”

目标管理和计划执行对于个人和组织的发展都至关重要。在当今快速发展的商业环境中，目标管理能够确保组织的所有部门和员工都朝着同一方向努力，从而将组织愿景转化为现实。计划执行则涉及制定、实施和监控为实现目标而设计的行动计划，有助于确保组织的各个部门在达成目标的过程中保持协调和高效。有效的目标管理和计划执行，是企业战略执行的前提和关键因素之一。

以华为和阿里巴巴为例，它们把目标管理融入了企业的文化血液，落实到每位员工的日常工作之中，这是其成功的主要原因之一。而现实中绝大多数企业对于目标管理只是流于形式，比如重视度和认识不足、把目标管理等同于业绩考核、部门目标与企业战略不一致等问题，导致目标管理无法真正产生价值。

2. 将“天马行空”的目标转化为可执行计划的步骤

（1）明确具体目标。目标必须具有具体性、可衡量性、可达成性、相关性和可追踪性。避免模糊、抽象地描述，例如“在三年内提高公司市场份额 10%”就比“提高公司业绩”更具体明确。根据不同的划分标准，可以将目标分为不同的类型，如根据时间跨度分为短期目标和长期目标，根据层次结构分为组织目标和个人目标等。

（2）制订可行计划。将主要目标分解为一系列的小目标，并为每个小目标设定具体的行动计划。例如，若目标是推出一款新产品，可将其分解为产品研发、市场推广、销售等小目标，并制定每个阶段的具体步骤。为每个小目标和具体行动步骤设定合理的时间节点，确保整个计划具有明确的时间框架，便于监控和评估进度。确定实现目标所需的人力、物力、财力等资源，并进行合理分配，以保障计划的顺利执行。

3. 实施与监控

执行计划：按照制订好的计划逐步推进各项工作，确保每个小目标都能按时完成。

进度跟踪：定期对计划执行情况进行检查和评估，及时发现问题并采取相应措施。可以通过团队成员定期汇报进度、建立监控指标等方式进行。

策略调整：根据实际情况对计划进行必要的调整和优化，以适应内外部环境的变化。例如，市场需求发生变化时，及时调整产品研发或市场推广策略。

4. 评估与反思

成果评估：在目标完成后，对最终成果进行全面评估，与设定的目标进行对比，衡量目标的达成程度。

经验总结：分析计划执行过程中的成功经验和不足之处，总结经验教训，为未来的目标管理和计划执行提供参考。

目标管理是将“天马行空”的想法转化为可执行计划的有效方法。通过明确具体目标、制订可行计划、严格实施与监控以及及时评估与反思，个人和组织能够更加有效地实现自己的追求，并推动自身向更高的层次发展。在未来，随着商业环境的不断变化，我们应更加重视目标管理和计划执行，并不断探索创新的方法来优化它们的实施。

5. 规则设计：用“非对称规则”平衡自由与约束

自由与约束是相辅相成的关系。从社会层面看，规则是自由的保障，如果没有规则，自由就会变成无序和混乱。

哪吒式员工讨厌僵化规则，但完全自由就会搞砸（比如代码风格混乱、跨部门打架）。他们不安定，违反纪律，煽动情绪，但他们的创造力是公司宝贵财富。“非对称规则”若表现为强制管理措施，可能使员工遵守规章制度，但会导致他们的创造力消失。合理的做法是管理者与他们沟通，划出“高压电网”，触碰即出局。让其明白公司规章制度重要性，同时审视规章制度是否不合理而束缚了员工的创造性。

（1）工作时间与成果导向的非对称。

自由部分：在日常工作时间安排上，给予员工一定的弹性。例如，允许员工在保证每天核心工作时长的前提下，自行选择上班和下班时间。像研发部门的员工，可能在晚上灵感更丰富，就可以选择下午晚些上班，晚上加班完成工作。这样员工能够根据自身的生物钟和工作效率高峰来安排工作，提高工作的自主性和积极性。

约束部分：以工作成果为主要考核标准。规定每个岗位的关键绩效指标（KPI），如生产部门的产品入库一次交验合格率需大于 96%，技术部门每年需完成不少于 3 项技术改造项目等。无论员工的工作时间如何安排，都必须确保达到这些既定的成果目标，否则将影响绩效考核和薪酬。

（2）技能提升与职责履行的非对称。

自由部分：为员工提供多样化的技能提升途径和资源。企业设立专门的培训基金，员工可以根据自己的兴趣和职业规划，自主选择参加外部培训课程、行业研讨会或者在线学习平台的课程。比如，员工对数据分析感兴趣，就可以申请参加相关的数据分析培训，提升自己的综合能力。同时，鼓励员工跨部门学习交流，拓宽职业视野。

约束部分：明确每个岗位的核心职责和工作内容，员工必须按时、高质量地完成本职工作。在履行职责过程中，要严格遵守企业的各项规章制度，如安全生产规范、质量管理流程等。例如，化工生产岗位的员工必须严格按照操作规程进行生产，确保生产过程的安全和产品质量。

（3）创新尝试与风险控制的非对称。

自由部分：建立创新激励机制，鼓励员工大胆尝试新的想法和方法。设立创新奖励基金，对于提出创新性建议并成功实施的员工给予物质奖励和荣誉表彰。例如，员工提出了一种新的生产工艺改进方案，经过试验证明能够提高生产效率和降低成本，就可以获得相应的奖励。同时，为员工提供一定的创新资源和时间支持，允许员工在工作时间内拿出一定比例（如 10%）的时间进行创新探索。

约束部分：对创新尝试进行风险评估和控制。在员工提出创新方案后，由专业的团队进行评估，判断其是否符合企业的战略方向和安全要求。对于可能带来重大风险的创新尝试，要进行严格的审批和监管。例如，在化工生产领域，如果员工提出的创新方案涉及新的化学反应或工艺，必须经过严格的安全评估和试验验证，确保不会对生产安全和环境造成影响。

通过这种非对称规则的设计，企业能够在给予员工一定自由空间的同时，保证企业的正常运营和发展目标的实现。员工在自由的工作环境中能够充分发挥自己的主观能动性和创造力，提高工作效率和工作质量。而约束部分则确保了企业的各项工作能够按照既定的标准和流程进行，降低了企业运营的风险。

6. 激励设计：用“即时反馈”强化可控行为

在激励设计中，即时反馈扮演着至关重要的角色。它不仅能够帮助员工理解他们的行为是否正确，还能激励他们重复正确的行为，从而形成良好的工作习惯，提高工作效率和执行力。

即时反馈：即时反馈是指在行为发生后立即给予的反馈，它可以是正面的肯定，也可以是负面的警示。其目的是帮助员工迅速认识到他们的行为是否符合组织的要求，从而及时调整自己的行为。

即时反馈的意义：通过即时反馈，员工能够迅速了解自己的行为是否正确，从而重复正确的行为，形成良好的工作习惯；即时反馈能够帮助员工迅速调整自己的行为，避免重复错误，从而提高工作效率；即时反馈能够强化员工的执行力，确保他们在面对任务时能够迅速采取正确的行动。

即时反馈的应用场景：即时反馈可以在多种场景中应用，包括但不限于如下。

◎ 员工行为或阶段性成果：当员工的工作结果或行为符合组织要求时，立即给予肯定的反馈，以激励员工重复该行为。

◎ 错误行为的纠正：当员工的行为与公司倡导的价值观念完全不符合时，立即给予警示，促使其改正，杜绝其他人再犯此类错误。

即时反馈的实施细节：为了确保即时反馈的有效性，需要制定详细的实施细则。具体内容包括如下。

◎ 激励对象：即时激励对象以个人为主体，可以是公司各项目、部门、员工个人。

◎ 激励范围：包括正向激励和负向激励，如现金奖励、表彰、通报批评等。

激励流程：公司各项目、部门、员工个人均可对工作中出现的激励行为及时收集，填写《即时激励申请表》，核实无误后上报公司。

即时反馈在激励设计中具有重要作用，它能够帮助员工迅速认识到自己的行为是否正确，从而及时调整自己的行为。通过制定详细的实施细则，可以确保即时反馈的有效性，从而强化可控行为，提高工作效率和执行力。

（六）实施“规则 + 弹性”双轨机制的注意事项

实施“规则 + 弹性”双轨机制时，需要注意以下几个方面。

1. 法律合规性

企业在推行弹性休息时必须严格遵守劳动法的相关规定，以避免法律风险。根据《中华人民共和国劳动法》第三十六条，劳动者每日工作时间不超过八小时，平均每周工作时间不超过四十四小时。弹性休息机制是在这一法定框架下的一种补充措施，允许员工在符合法律规定的基础上自主安排休息和工作的具体时间。

2. 员工权益保障

企业在设计弹性休息政策时，必须确保员工的工作时间总量不能超过法定上限；员工的休息时间安排不得影响其正常工作职责的履行；企业的弹性休息政策需要以书面形式明确，并与员工签订补充协议。

3. 有效沟通和监督

企业需要建立有效的沟通和监督机制，这种方式不仅可以帮助企业及时发现潜在问题，还能增强员工的归属感和忠诚度。

4. 避免过度灵活性

弹性休息政策应当充分考虑员工的工作性质和岗位特点，避免因过度灵活而导致工作效率下降。

5. 定期评估和调整

企业需要对弹性休息的实施效果进行定期评估，并根据实际情况进行调整。例如，如果发现某些岗位在弹性休息机制下难以完成工作任务，则需要及时做出相应的安排。

6. 平等待遇原则

企业在设计弹性休息机制时需要特别注意确保所有员工都平等享有这一政策，并且不得因性别、年龄或其他任何原因而受到歧视。

通过以上注意事项，企业可以在实施“规则 + 弹性”双轨机制时更好地平衡灵活性和效率，同时确保法律合规性和员工权益保护。

“规则 + 弹性”双轨机制在团队建设中的应用，可以在保障企业正常运营的基础上，充分发挥哪吒式员工的优势，既保证了团队运作的有序性和高效性，又提高了团队的适应性和创新能力。

企业家的终极修炼，是让“道”成为信仰的灯塔，让“形”化作破浪的锋刃，让“器”成为不沉的压舱——当三位一体时，企业便拥有了在风暴中重写规则的力量。

第四节　企业家精神：不认命

企业家的成长是一场层层递进的修炼，每一次修炼都是一次“蜕皮”。蛹不蜕皮，便无法化蝶；蛇不蜕皮，便难以成长；蟹不蜕壳，终将困死于旧壳之中。若不经历蜕变，今日也许是人生最璀璨的时光——因为明天或许不再属于传统产业。

不认命是企业家精神的核心内涵和本质特征。在市场环境中，按部就班意味着可能被淘汰，而敢于创新能让企业家带领企业开辟新的道路。以华为为例，几十年如一日持续创新，使其在国际同行中赢得敬畏，也让中国科技企业在全球市场有了强大的竞争力。这种创新精神让企业家不认命于现有的市场格局和技术水平，敢于突破前行，为企业发展创造无限可能。在不确定环境下进行创新虽然带有冒险性，但正是这种冒险精神促使企业家挑战自我，超越传统，成为不认命的重要支撑。

企业家能否如哪吒，以“逆天改命”的勇气突破桎梏？

在《哪吒 2》中，哪吒发现了世界脉络关系的庞大和复杂，发现世界规则的复杂性与不公性，若不能突破宿命束缚、实现“逆天改命”，便如同土拨鼠般被时代淘汰，被时代收割。以 2025 年为起点，中国正迈入充满机遇的关键转型期。尤其在 2026 至 2027 年这一重要阶段，时代的迭代更像一场蓄力向上的升级——多数企业将迎来重塑自我的契机，而那些主动破局、敏锐捕捉机遇的主体，更能在浪潮中站稳脚跟，开辟新的发展空间。恰如哪吒手握火尖枪，脚踏风火轮一往无前般，人亦需精准捕捉稍纵即逝的机遇，在时代浪潮里闯出一条新途——若失了这份敏锐与果敢，便难免被奔涌向前的大势落在身后。

在逆境中，我们该怎么办？海明威在《老人与海》中说道："一个人可以被毁灭，但不能被打倒。"

技术革命（如5G、人工智能、信息技术）为国际秩序的重塑与产业升级提供了前所未有的契机。文化与新技术崛起浪潮下，中华优秀传统文化与现代科技的融合，催生了新的经济增长点，获取了前所未有的新能量。"新经济"（如数字经济、平台经济、绿色经济）以人工智能、区块链为代表的技术革命，催生了数据要素、算法劳动等新型价值创造方式，亟须回应现实挑战。

企业家精神中的创新和进取精神，是企业成功的必备元素。企业家凭借敏锐的洞察力和预见性，把握市场形势，不断探索和创新，使企业在复杂的市场环境中脱颖而出。这种对成功的执着追求和不停地进取，让企业家不认命于企业现有的规模和发展水平，持续推动企业做大做强。例如，中国一大批企业从无到有、从小到大、从落后到先进，正是企业家开拓创新精神的体现。"危局中育新机，变局中开新局"，它强调了在危机与变局中寻找机遇的重要性，企业家们在动荡环境中要保持敏锐洞察力，勇于创新，敢于突破。

企业家于危机中寻机遇，恰如在暴风雨里垂钓——需眼明如炬辨得鱼踪，手稳似磐石握得住竿，心雄若奔雷敢下钩。可光凭一股闯劲终究难撑久，还得有章法傍身，否则浪头一卷便易翻船。这时候，儒家文化便不是蒙尘的老古董，反倒成了给企业家续力的智慧药方。它讲仁爱，是体恤人心的温度；讲诚信，是立世行远的根基；讲中庸，是在变局中找平衡的定力。这些内核，与现代企业家精神里的创新之勇、担当之责、持守之衡，原是同声相应、同气相求的。

人生最好的贵人：就是努力向上的自己。

具有企业家精神的企业家往往能够引领行业的变革和发展。他们不满足于行业现有的模式和规则，敢于突破传统，尝试新的商业模式和技术应用。例如，在电商领域，虽然张勇未能及时警觉到拼多多的崛起[①]，但他在“双 11”的创造与淘天品牌的国际化拓展，以及阿里云的突破性发展等方面，依然展现出创新精神，推动了电商行业的发展。这种不认命于行业既定格局的精神，促使企业家不断探索新的发展方向，引领行业走向新的高度。

企业家精神为企业家提供了不认命的底气，无论是在企业发展、市场竞争还是社会文化等方面，这种精神都促使企业家不断挑战自我，突破现状，追求更高的目标，为个人、企业和社会的发展做出更大的贡献。

第五节　家国情怀与企业家使命

“我命由我不由天，但天下的事，总得有人扛。”——哪吒的觉醒背后，是家国情怀。企业家的使命，不仅是经营企业，更是扛起

① 企业家精神的边界 [EB/OL].21 世纪经济报道，[2023-10-03].

民族复兴的重任。

优秀的企业家都有浓郁的爱国情怀和强烈的责任意识，对国家、民族、社会、企业、员工和股东都有担当精神。这种责任意识让企业家在面对困难和挑战时不会轻易放弃，不认命于一时的困境。

漫漫征途，荆棘密布，面对艰难险阻，企业家如何在追求高远目标中保持深刻体验与充沛能量？得学会两件事：对抗熵增和借力传统文化。

熵增定律告诉我们：只有自强自新，才会不教条，才能不衰败。

汲取传统文化精华，融会贯通，从“六经”注我，到我注“六经”。

企业“活下来”，答案就在文化。

企业文化并非虚设，有着不可忽视的重要作用。它虽需要长时间的沉积与重塑，看似有些“虚”，但每时每刻都在激励和校正着企业发展的目标。一个成熟的企业文化模式，能让员工形成符合企业要求的行为准则和心智模式，对企业的发展起到实质性的推动作用。

以文明互鉴超越文明冲突，中国在和平发展中实现从跟跑到并跑，再到领跑；从制作到制造，最终实现智造，这是中国崛起的战略根基。

小医治病，中医治人，大医治国。

小商做事，中商做市，大商做人。

企业家是企业创立发展的组织者、管理者，其理想信念、思想观念、道德理念、价值理念渗透于企业的价值愿景、发展战略、规章制度等企业文化之中，是企业形象的重要代言人。

“家国情怀”源自中国传统文化“修身齐家治国平天下”理念。

企业家不仅是经济活动的参与者，更是社会价值的创造者。家国情怀是新时代企业家的必备涵养。“修身齐家治国平天下”的儒家文化，强调的是运用内在道德修养的力量，通过文明教化去实现天下太平的目标。重视发展、主张创新、力倡革新，是中华民族传统文化和文化传统的重要内容和重要精神文化基因。

人类命运共同体这一概念，强调了人类在面对全球性问题时的共同责任和命运。而熵增定律则揭示了自然界中熵增现象的普遍性。两者看似无关，实则有着内在的联系。熵增定律表明，在一个封闭系统中，熵总是不断增加，意味着系统的无序度在增加。将这一理论应用于人类社会，我们可以发现，人类社会的无序度也在不断增加，如环境污染、资源枯竭等问题。西方面临的困境背后，是难以调和的结构性矛盾和二元对立的哲学思维。超越自我、摆脱困境，需要新的世界观和方法论，需要带着发现的眼睛观察世界，尊重并理解“他者”的逻辑。而人类命运共同体的理念，正是要打破这种封闭系统，通过国际合作，共同应对全球性问题，实现熵减。

中国文化中的“和谐”理念越来越引起世界的关注。中国走出这样的道路、做出这样的选择，背后有深厚的文明动因和精神营养。孔子仁学思想中的“仁者爱人”理念，是中华文明宝库中的一颗璀璨明珠，它为构建人类命运共同体提供了坚实的道德基础。这一理念深刻指出，只有心怀仁爱，人们才能跨越国界、种族、文化的差异，真正实现心灵上的交流与共鸣，共同面对并解决全球性的挑战。

正如歌曲《万疆》所写的那样：

红日升在东方，其大道满霞光

我何其幸，生于你怀

承一脉血流淌

难同当、福共享、挺立起了脊梁

吾国万疆，以仁爱

千年不灭的信仰！

在孔子的思想中，“仁”是一种涵盖了关爱、尊重、理解和包容的高尚品质。仁者爱人，意味着每个人都应当以真挚的爱心对待他人，不论其国籍、肤色、信仰和习俗。这种道德观念超越了狭隘的自我中心和利益冲突，鼓励人们从全球的角度出发，关注人类的共同福祉。

当我们将“仁者爱人”的理念应用于国际关系中，就能够化解许多矛盾和冲突。国与国之间，不再只是利益交换的冰冷机器，而是充满了人文关怀与情感交流的战略伙伴。在这样的道德指导下，各国人民将携手共进，共同应对各种挑战。

各美其美，美人之美。儒家认为“和”是国家、社会、家庭、个人关系融洽的目标。只要秉持开放包容精神，就不存在隔阂与冲突，就可以彼此发现、彼此欣赏、共存共荣——这是中国人整体观结出的思维硕果，也是中华文明秉持的交往之道。这种兼收并蓄、中道兼合，能够化解西方哲学唯心与唯物的对立，破解人类发展长期存在的多元阻隔、二分极化与统合一体矛盾。爱人如己的博大胸怀，美美与共的中国文化精神，必将在润物无声中启迪世界、增益世界。

仁爱之心，不仅能够促使个体之间的和谐相处，还能够激发社会整体的进步。在仁爱精神的感召下，人们将更加珍视和平、尊重多样性、追求共同发展，从而构建一个更加公正、公平、共享的世界。孔子仁学思想中的“仁者爱人”理念，是我们走向人类命运共同体的道德指引。

关爱万物、尊重生命就成为人类崇高的道德职责，人类对自然的利用也应遵循一定的道德规范，不能单纯从人的利益或喜好出发对待自然。人的职责就是引导管理自然的进化，即“赞天地之化育”，维护大自然的稳定和美丽。“天下为公”，表达了中华民族自强不息、乐观向上、革新图强的思想、观念、理想、信念和追求，坚持共享发展，厚植中华人文精神的魅力，共建人类大同蓝图，是滋养社会主义核心价值观的重要文化资源，是我们今天要传承的重要精神。

儒家在发展的过程中要革故鼎新，更新自身，依然面临着严峻的挑战，儒家的现代化迫在眉睫，时不我待。用旧地图找不到新大陆，旧内王开不出新外圣。儒家必须革故鼎新，同时儒家的文化自信自强，不仅要从儒家来主导，还要从墨家、法家、道家、兵家等百家文化中吸取养分。同时，我们也要积极借鉴西方的现代文明。儒家现代化路径的探索，不仅要深入挖掘儒家文化的精髓，更要关注其在现代社会中的实际应用。儒家思想的现代转化，旨在为其赋予新的时代内涵，使之成为推动社会进步的有力引擎。此过程中，具体的方式和方向有两个，即创造力的提升和创新能力的培养。

儒家思想强调“仁爱”“礼治”“中庸”等核心价值观，这些观念在现代社会依然具有重要的指导意义。仁爱精神可以促进人际关系的和谐，礼治观念有助于规范社会秩序，中庸之道则可以引导人们在变革与发展中保持平衡。儒家现代化的路径探索，就是要将这些传统价值观与现代文明相结合，发挥其在现代社会中的积极作用。在这一过程中，我们需要对儒家思想进行创新性发展，使其适应现代社会的需求。这既需要对儒家经典进行深入研究，又需要关注现代社会的实际问题。通过创新性的转化，儒家思想将在现代社会中焕发出新的生命力，为构建和谐社会、推动文明进步提供有力的思想支撑。

儒家现代化的路径探索，旨在将儒家思想与现代文明相结合，发挥其在现代社会中的积极作用。这不仅是对传统儒家文化的传承与发扬，更是对现代社会发展的深刻反思与有益尝试。应该秉承“好古而不复古，守正而不守旧”的理念，这是世界迫切需要解决的问题，更是中华民族亟须面对的使命。儒家理论历经原始儒学、经学儒学、宋之理学、明之心学、现代新儒学五个阶段，今日又到了赓续鼎新的时候。任何理论都要与时俱进，适应时代进而引领时代。自我进化，注入新活力，才能创造性转化和创新性发展。

在新时代，儒学面向世界，才能引领世界。经济学、管理学与文明比较学等多学科的视角和维度不可或缺，这是新儒学的发展方向与新动力！

我们正处在中华民族伟大复兴的关键征程上，实现民族复兴的伟大目标日益临近，这是千载难逢的历史机遇。文化传承发展“创造性转化、创新性发展”的方针为我们指明了方向。实现中华民族伟大复兴是近代以来中国人民最伟大的梦想，是贯穿党的百年奋斗的鲜明主题，而中华优秀传统文化是中华民族的精神命脉，是涵养民族复兴的深厚根基。在推动构建人类命运共同体的进程中，我们要积极促进文明交流互鉴，这里的文化交流并非以中华文化为中心，而是以中华文化为重要依托，搭建不同文明交流融合的桥梁，共同推动人类文明进步。

以全球化视野，聚焦儒家文化与现代管理，以文化自信赋能商业创新，以伦理责任引领可持续发展，以东方智慧回应全球挑战。

怀仁义以谋天下利，秉诚信而铸时代魂！有幸生在这一鼎新日新时代，我们不能辜负了时代，辜负了此生！

案例

陈嘉庚：实业救国、教育兴邦[①]

陈嘉庚（1874—1961）是中国近现代史上极具影响力的华侨领袖、实业家与教育家。他的一生以“实业救国、教育兴邦”为核心理念，将个人事业与国家命运紧密结合，其实践深刻诠释了企业家修为与家国情怀的统一。

1913 年起，他在家乡集美创办小学、中学、师范、水产等学校，形成“集美学村”；1921 年独资创办厦门大学，成为近代中国首个由华侨创办的高等学府。他立下遗嘱将资产全数捐赠教育，并持续扩建校舍，亲自参与设计施工，被称为“超级总工程师”。

抗日战争时期，他组织 3000 余名南洋华侨机工回国支援滇缅公路运输，抢运 50 万吨军需物资；担任南洋华侨筹赈总会主席，筹款支援祖国，组织武汉合唱团义演募集巨额资金 4 亿余元国币。他抵制日货、弘扬国货，即便橡胶厂因抵制日货遭破坏，仍坚持“兴实业、益民生”的信念。

张謇：学以求知，知以服务社会[②]

张謇（1853—1926）是中国近代史上最具影响力的实业家、教育家和社会改革家之一，毕生致力于推动中国现代化进程。

他一生创办 300 多所学校，构建了完整的教育体系。1897 年

① 陈嘉庚 . 南侨回忆录 [M]. 新加坡：南洋出版社，1946.

② 李明勋，尤世玮 . 张謇全集（全 8 卷）[M]. 上海：上海辞书出版社，2012.

创办通州师范学校，开创中国师范教育之先河；1905 年创办中国第一所农业学校（今江苏农学院），1912 年创办中国第一所纺织专门学校（今东华大学）。他主张“实学救国”，强调实用技能与科学精神的培养。在南通，他创建从蒙养院、小学、中学到大学的完整教育链，并配套设立盲哑学堂、图书馆、博物馆等，形成“学以求知，知以服务社会”的教育生态。

他还创办慈善机构、养老院、贫民工场等，解决民生问题。

卢作孚：中国的敦刻尔克奇迹①

卢作孚（1893–1952）是中国近代史上极具影响力的实业家、社会改革家和爱国者。

在抗日战争时期，他以实业为武器，直接参与民族救亡。1938 年武汉会战期间，民生公司承担了 80% 以上的战略物资运输任务。卢作孚亲自指挥“宜昌大撤退”，在短短 40 天内抢运 150 万难民和 10 万吨物资，被誉为“中国的敦刻尔克奇迹”。

① 张守广．卢作孚年谱长编（上下卷）[M]. 重庆：重庆出版社，2014.

第六章

写在最后：破局是永恒命题

组织存续一日，便难逃熵增与周期的铁律。破局没有完成时，只有进行时，破局是永恒命题，企业基业长青，亦是破局的轮回。

企业如棋，破局者生，掌局者赢。只有破局者才能掌局。

只要组织存在，就有熵增定律与周期律，这就意味着破局没有完成时，只有进行时，破局是永恒命题。

正如《哪吒 2》揭示的终极命题：在既定的社会框架下，如何重构公平竞争的规则体系，使“逆天改命”不再依赖神话力量，而是建立在制度保障的基础之上，用商业的力量推动社会进步，才是真正的长远价值。

普通反抗者会质问“为何魔丸必须死”（如敖丙初期诉求），而哪吒的“我命由我不由天”直接宣称：连“为何”都不值得问，因为提问本身已承认天道的裁判权。哪吒剥离灵珠与魔丸标签，用自我牺牲证明“存在先于本质（萨特）”，彻底击碎早已失序的天平。

在不确定中寻找确定，在混沌中开辟新局，时代不会辜负敢为天下先的人，这就是企业家的命。

天劫咒本是用以惩戒“不合格产品”的终极手段，但哪吒主动迎劫，将系统清除程序转化为自我定义的仪式。这暴露出系统暴力只能惩罚恐惧者，无法消灭觉醒者。

1. 致敬挑战者：唯有破局方能前行

宇宙有多辽阔？宇宙的直径是 930 亿光年。这是一个基于观测和计算得出的数据，它代表了我们能够观察到的宇宙范围，即可观测宇宙的大小。需要注意的是，这个数字只是我们目前能够探测到的宇宙的一部分，而真实的宇宙可能远超这一界限。

我们看到的每一缕星光，都是穿越漫长时空抵达地球的“历史信使”，是宇宙自身辉煌壮阔的历史回望。

尼采说：人生本来是无意义的，在寻找人生意义的过程中是有意义的。

从宇宙到星际，我们来到这个蔚蓝色星球，人类的出现是奇迹中的奇迹，幸运中的幸运。珍惜、珍爱这份幸运。

宇宙观、价值观、人生观，关关难过关关过，前路漫漫亦灿灿。

心不死，则道不生；不破不立，晓喻新生；凤凰涅槃，向死而生！人的最终境界如凤凰振翅：毁灭不是终点，而是新生的序章。当旧我已焚尽，灰烬中升起的将是不可摧折的觉醒之力。

当前，中国企业快步进入新时代，中国管理模式研究与实践处于战略机遇期。传承中国管理智慧，为世界贡献优秀的中国管理研究理论和方案，是中国学者的价值贡献，是责任使命和行动担当。这些年，我在世界文明的田野考察中，与众多学者、管理者学习交流，见证和参与了中国企业、国际企业的成长和进步，得以从更多维度、全方位审视管理理论的价值和内涵。

真正的管理者需要善于从多元文明比较、从国学智慧中汲取力量：究天人之际，察古今之变，明存亡之道，晓兴衰之理。遵循这一理念，让文明与国学智慧真正“有资于治道”，启智明德，笃学致远。

中国企业在全球化浪潮中崛起，正是东方管理智慧与现代实践碰撞的典范。以“人道管理”“人心管理”为核心的东方哲学，强调以人为本、顺势而为，与西方管理理论的效率导向形成互补。这种融合不仅是方法论的创新，更是文明对话的结晶。当“九紫离运”开启新的时代周期，中国管理模式的实践与研究，正在为全球提供一种超越西方二元对立的解决方案。

我们当致敬所有敢于挑战现有秩序的“黑悟空”“新哪吒”——无论是导演饺子，还是无数在时代浪潮中破局的普通人。唯有直面规则的荒诞，敢于撕碎“天命”“宿命”的遮羞布，社会才能真正向前。

在《哪吒 2》这部电影中，李靖夫妇接受“用自我牺牲换取哪吒生存”的交易，龙王族甘当“监狱看守”以求洗白，这证明系统是通过有限补偿机制（如“给你一个机会”）来消解根本性反抗，而哪吒的特殊性就在于——他拒绝这种赎买，哪吒反抗的颠覆性也恰恰体现在此，否定系统估值权。

对于企业家而言，每个时代都有属于自己的英雄，而你，正在书写历史。

2. 我们的共鸣：在颠覆中寻找自我

我们都在寻找那个打破桎梏的自己。无论是导演饺子用“家常饭”般的坚持对抗行业壁垒，还是角色以血肉之躯对抗命运枷锁，都在诉说同一个真理——真正的觉醒，始于对“旧地图”的焚烧，终于新大陆的开辟。我们要致敬这些开始挑战现有秩序的人，因为只有敢于挑战这个社会，才真正地能够勇往直前。所以，我们在这里找到了共同的自己。

在《哪吒 2》的叙事中，申公豹的“反抗”是典型罗马式思维，他认同阐教的估值体系（十二金仙身份代表价值），只是不满自己未被选中。这种反抗本质是请求成为更好的既得利益者，如同现实中的阶层跃迁幻想。

哪吒的反抗远非简单的“遭遇不公后的反抗”，他从未追求“被天庭认可”，而是对整个阐教系统的根本性质疑与否定。这种反抗的深刻性恰恰在于：他的目标直指系统内核——否定“灵珠、魔丸”的预设价值标准。他并非以“更好的罗马人”身份要求系统补偿，而是彻底否认“罗马”本身存在的合法性。

哪吒作为文化符号，体现了中国传统文化的现代传承和创新；而 DeepSeek 作为科技产品，则展示了中国在人工智能领域的强大实力和广阔前景。向内——以文化软实力唤醒族群精神基因；向外——以科技硬实力重划全球竞争疆界。两者都是中国文化软实力提升的重要标志，也是中国在全球舞台上崭露头角的有力证明。这种双重动力必将为中国的发展提供强劲引擎，并开拓出广阔天地。

从神话到现实，从文化到科技，中国正在书写一个关于“破茧”的传奇。这不是简单的复兴，而是一场文明的涅槃——它拒绝被既定规则定义，拒绝在技术狂飙中迷失，而是以“向死而生”的勇气，在破与立之间寻找永恒的答案。

让我们以哪吒的锋芒刺破迷雾，以 DeepSeek 的深度探索未知，在未来的星图上，标注属于这个时代的坐标。历史的回响终将证明：这个时代的伟大，不在于延续旧章，而在于以中国式的突破哲学——在深水中筑桥，于星空中立标，让“我命由我”的呐喊，成为人类新纪元的开篇礼赞。

当实现中华民族伟大复兴之日，我们必将无愧宣告：“成功有我！复兴有我！我是历史见证者，是时代亲历者，更是未来的推动者！”

3. 从破局逻辑到知行体用

“知”为体（内在认知），“行”为用（外在实践），体用一源，知行合一。

不接几块“烫手山芋”，不做几回“热锅上的蚂蚁”，就很难练就攻坚克难的真本领；只有熬过无人问津的日子，才能拥有诗和远方。

在信息文明崛起的背景下，全球主要经济体竞争更趋激烈，智能制造提高生产效率，互联网开放式平台集聚长尾市场，赋能企业加速创新、引领个性化需求、向产业链条的高端升级，创造新的蓝海，重建市场边界、超越现有需求、遵循合理的战略秩序，引发产业链、价值链、商业模式、组织模式迭代升级，把握、践行破局逻辑是企业转型的关键所在。

旧邦新命。破局不是否定一切，而是重新定义；创新不是否认优秀传统，而是阐发其新内涵、新精神、新价值，进而迸发新能量。

略经于学，胆经于阵。学的目的在于用，胸襟和气魄就是在实践中练就的。

信息文明时代，企业成为员工创业的共同体平台，自利、利他、共生、顾客导向，组织去中介化、扁平化、去边界化成为趋势，未来的企业将是平台加分布式管理、平台加生态。数字经济促使中国企业直面管理方式的蜕变，战略更新、组织变革、管理升级成为必然选择，组织变革迫在眉睫，也是破局的组织保障。

企业如棋，识局者生，破局者兴，掌局者赢。只有破局者才能掌局。

华为其实很像挑战科技霸权的“哪吒”，不畏科技强权，敢于说不，深耕科研，“我命由我不由天”，破除西方迷信，砸烂已有科技桎梏，敢于破局，必然重生！

比亚迪敢于在电动车技术“无人区”以硬核技术重塑世人的认知，比亚迪好比产业破局的“哪吒”，比亚迪向世界证明电动车不仅环保、舒适、安全、便捷，更是人类新技术的象征！

4. 从破局到掌局

很多时候，真正限制我们的并非外部的重重阻碍，而是内心那一道道无形的枷锁，是看不见的监狱，企业家要做的就是思想越狱——破局，破局是永恒命题。

拥有破局、掌局能力的人，方能在时代浪潮中避免被淘汰的命运，获得可持续的成功。

企业如棋，破局者生，掌局者赢。只有破局者才能掌局。

华为、比亚迪从破局、布局，进而掌局！打破了西方神话，创造了属于中国的传奇。

哪吒“我命由我不由天”的呐喊，不仅是觉醒宣言，更是企业家精神的绝佳隐喻。

当前，传统行业面临产能过剩、资源限制与贸易壁垒等多重挤压，陷入高成本、低效率的红海竞争。破局关键在于打破路径依赖、规模经济的传统优势。在商业世界中，打破既有规则、重构行业逻辑是创新的本质。破局逻辑揭示了企业家精神的核心——打破旧秩序，重构规则，寻找新赛道，通过文化附加值与科技附加值，实现战略突围、边缘创新。

企业价值重构要求回归问题本质，应用第一性原理，以底层逻辑重构产业价值链。例如，从大规模单一生产转向技术赋能与数据驱动的定制化，通过效率提升与差异化定位突破行业瓶颈。守正与创新的过程要求领导者兼具破坏性创新的勇气，与规则框架的构建能力，既保障基本秩序，又释放创新潜能，最终实现组织的动态平衡与持续进化。

在《哪吒 2》中，不仅讲述了一个反抗命运的故事，还揭示了行业洗牌的过程，即新神登基与旧神退位的交替。技术是引擎，文化是导航！在存量市场中，企业家要想点燃创新燃料，实现突围，就必须依靠技术和文化双轮驱动。

构建“破而后立”的创新文化。文化管理在于它不靠强制力，而是让价值观像树根一样扎进组织的土壤。既扎根于中国传统文化的“和合共生”哲学，又嫁接现代管理的“精准执行”能力。

重启儒商精神。儒商曾以“修身齐家治国平天下”的伦理框架塑造了东亚商业文明。在数字时代、全球化背景下，西方个人主义与功利主义价值观对“集体利益优先”“社会责任至上”的东方伦理形成冲击。然而，儒商精神的内核——诚信、仁义、可持续发展——并未过时，反而需要与现代管理理念融合。例如，将儒家“以人为本”思想转化为用户价值驱动的组织架构；通过“中学明道”理念，将“仁爱”价值观融入产品设计与服务体验。在 ESG（环境、社会、治理）投资兴起的当下，儒商精神的进化方向更趋清晰：以“可持续发展”理念，以“义利并举”理念嵌入 ESG 框架，将企业利润、社会福祉与生态责任纳入统一框架，在集体主义与个人主义、技术升级与社会公平间找到平衡点。

“哪吒式颠覆”揭示的是一种不满足于现状，敢于突破传统的精神，这种精神在寻求企业新增长点方面有着重要的启示作用。变革者必须完成的三大修炼：在质疑中建立认知自信，在对抗中重构价值体系，在颠覆中守护核心伦理。这种蜕变过程，正是商业文明迭代的微观缩影。

在危机中育新机，于变局中开新局。国际秩序的重构与产业范式的更迭，构成了企业商业模式迭代的背景，迫使企业家重新思考发展的路径。变局中的“不变”则体现在经济全球化的底层逻辑——资本流动、技术扩散与知识共享的趋势不可逆转。中华文明以“美美与共”的理念，为全球提供了一种不同于西方中心主义的现代化方案：华为的“5G+工业互联网”战略，通过技术赋能帮助非洲制造业升级；腾讯研究院提出的“数字文明新范式”，强调技术向善与人文关怀的融合。阿里巴巴的“数字普惠金融”通过区块链技术为小微企业提供融资支持，拼多多的“农地云拼”模式助力农产品上行，均体现了商业向善的力量。

这种“变与不变”的辩证，要求企业与国家在战略层面既拥抱变革的勇气，又坚守文明的根基。

破局、布局、掌局，这是一个环环相扣、循序渐进的过程，敢于破局，才能闯出一条生路，迎来希望的曙光，战略上打持久战，战术上打歼灭战；布局就是重构商业规则，用自己的话术讲故事；掌局意味着对整个局势的掌控，以及对主动权的稳健把握，就是建立起新世界，进入新封神榜。

5. 未来图景：境界升华

商业领袖的使命是在技术奇点、文化复兴与全球变局中，书写属于这个时代的“破局之路”。

超越传统的“丛林法则”竞争逻辑，转向“价值创造”的共生生态。管理范式的转型要求企业从“效率优先”转向“伦理并行”，技术与文化的双重赋能成为关键。

未来的商业领袖以“哪吒逆天改命”的魄力推动制度创新，打破壁垒，促进产业链上下游的协同进化。在技术革命与文明演进的交汇点上，书写属于这个时代的商业史诗。

真正的企业家，是在混沌中看清方向并创造价值的人。

真正的企业家，是敢于在混沌中点燃火种的人——他们以破局者的勇气撕裂旧规则，以利他者的胸怀构建新秩序，在时代的风浪中化身为光，既照亮自己的道路，也托起他人向星辰大海的奔赴。

所以，当世界在质疑与迷茫中摇摆时，企业家的使命早已写在行动里——以锐意进取突破边界，以价值理性守护底线，以工具理性赋能未来。激活文化基因，将东方哲学（如“天人合一”“和而不同”）转化为全球化语言，让《哪吒》的“反抗宿命”精神成为跨文化共鸣的符号。将传统文化符号转化为可感知、可参与的生活方式，让文化自信成为全球化的软实力。最终让每一次抉择都成为改变世界的支点，让每一份坚持都化作文明进化的火种。

破局是一条荆棘与鲜花并存的道路，每一次选择都在定义未来的模样。无论此刻多难，请记住——你正在创造属于自己的星辰大海。

破局——布局——掌局，如此循环，企业基业必然长青，正如《诗经·小雅·天保》所云：“如月之恒，如日之升；如南山之寿，不骞不崩。如松柏之茂，无不尔或承。”

届时世界将呈现以下图景。

产业生态：企业不再是孤立的竞争者，而是共生的节点，通过开放创新与资源共享构建“反脆弱”网络。

社会形态：文化多样性成为全球共识，人类在“美美与共”中实现文明跃迁。

个人价值：每个个体都能在技术赋能下找到独特定位，从“被规则束缚的齿轮”变为“创造规则的主体”。

这构建起全书的完整逻辑链：从哲学思辨到实践策略到境界升华，以东方智慧、儒商伦理为根基，结合现代管理工具（如第一性原理、ESG 框架），回应全球化、技术革命与文明冲突的多重挑战，为个体生命意义的探索提供精神坐标，为企业在红海竞争中开辟新赛道、把握战略机遇，在文化输出中助力软实力跃升，提供了兼具深度与广度、道与术的思想框架，提供了商业模式迭代的“破局逻辑”，开辟一种超越商业范畴的文明愿景：人类命运共同体的新文明。

参考资料

1. 著作

[1]罗伯特・K・G・坦普尔 . 中国：发明与发现的国度 [M]. 陈养生等，译 . 南昌：21 世纪出版社，1995.

[2]罗伯特・A. 西格尔 . 神话理论 [M]. 刘象愚，译 . 北京：外语教学与研究出版社，2013.

[3]林清 . 中国动画电影 [M]. 上海：同济大学出版社，2014.

[4]王琼 . 中国古代神话发展研究 [M]. 北京：中国书籍出版社，2014.

[5]王艺涵 . 影像叙述与社会记忆 [M]. 北京：社会科学文献出版社，2015.

[6]贾雯鹤 . 神话的文化解读 [M]. 重庆：重庆大学出版社，2010.

[7]杨斌 . 全球史的九炷香：哪吒、龙涎香与坦博拉 [M]. 北京：中信出版集团股份有限公司，2025.

[8]阎雨 . 思想的碎片：文化与经济论衡 [M]. 北京：中共中央党校出版社，2008.

[9]阎雨 . 中国管理 C 模式 [M]. 北京：新华出版社，2010.

[10]阎雨 . 禅与现代管理 [M]. 北京：知识产权出版社，2011.

[11]阎雨 . 世界文明发展比较研究概论 [M]. 北京：知识产权出版社，2021.

[12] 阎雨 . 全球文明体验日志 [M]. 北京：知识产权出版社，2021.

2. 期刊论文

[1] 许冰清，吕帅 . 国产动画电影的人物塑造与叙事策略创新——以“哪吒”系列为例 [J]. 大众电视，2025，(10)：58–60.
[2] 郑平熹，王易可 . 当代影像叙事的善恶流动性叙事建构——以《哪吒 2》与《黑神话：悟空》为例 [J/OL]. 中北大学学报 (社会科学版)，2024，40 (3)：1–7.
[3] 仇朝樾 .《哪吒之魔童闹海》：边缘群体的镜像书写与社会批判 [J]. 视听，2025，(09)：16–19.
[4] 曹洋洋 .《哪吒之魔童闹海》角色塑造中的权力解构与文化博弈 [J]. 视听，2025，(09)：12–15.
[5] 孙睿凌 . 从《哪吒之魔童闹海》票房奇迹看中国动画发展新动能 [J]. 视听，2025，(09)：7–11.
[6] 王亚杰 .《哪吒之魔童闹海》中的传统文化传播与神话叙事逻辑 [J]. 视听，2025，(09)：20–24.
[7] 黄春红 . 从国民现代影视审美习性看《哪吒之魔童闹海》火爆现象的启示 [J]. 视听，2025，(09)：37.
[8] 黄慧 . 后现代伦理语境下的哪吒重生：“魔童”的文化符号与伦理重构 [J]. 电影文学，2025，(09)：175–178.
[9] 侯志刚，权继东 . 国产动画电影《哪吒之魔童闹海》中神话 IP 的视觉重构与审美表达 [J]. 电影文学，2025，(09)：119–123.
[10] 冯丹娃，张宇薇 . 符号学视角下《哪吒之魔童闹海》的批判叙事与文化价值 [J]. 电影文学，2025，(09)：170–174.
[11] 边巍 . 关于“科技 + 文化”融合创新发展的几点思考 [J]. 中国电影

市场，2025，（05）：37–39+45.

[12]高超，张欣然.解缚·重构·再生：跨媒介生产范式下哪吒神话的生成机制——以电影“哪吒之魔童”系列为例[J].东方艺术，2025，（02）：48–56.

[13]王心彤,王炳涵.电影叙事赋能中华优秀传统文化“两创”论析——以《哪吒》系列电影为例[J/OL].云南民族大学学报（哲学社会科学版），2024，41（3）：1–11.

[14]吴俊蓉，吴俊艳.《哪吒》：Z世代成长的心路历程[J].大众文艺，2025，（08）：124–126.

[15]吴琳，杨亦琛.文化符号的现代性转译与多维传播机制研究——以《哪吒之魔童闹海》为例[J].大众文艺，2025，（08）：106–108.

[16]高嵩，袁媛.《哪吒之魔童闹海》的百亿票房之路[J].传媒论坛，2025，（08）：18–20+24.

[17]陈思羽.隐喻重塑神话传奇——评《哪吒之魔童闹海》[J].剧影月报，2025，（02）：17–18.

[18]李磊，徐艺璇.《哪吒2》：电影工业美学的媒介性阐释与想象力消费的三重神话[J].未来传播，2025，32（02）：95–103.

[19]周玉佳，刘军.《哪吒之魔童闹海》对中华优秀传统文化的传承与创新探析[J].中共郑州市委党校学报，2025，（02）：95–101.

[20]许文静.以《哪吒之魔童闹海》为例探析传统文化IP的转译与传播路径[J].声屏世界，2025，（08）：53–55.

[21]徐爽，孟颖.从文化原型到时代镜像：国漫叙事框架下神话母题的现代性改写与文化精神赓续[J/OL].中北大学学报（社会科学版），2024，40（3）：1–9.

[22]尚永霞.《哪吒之魔童降世》：文化符号的深度剖析与价值彰显[J].

大众文艺，2025，（07）：63–65.
[23]马爽.《哪吒之魔童闹海》：双生镜像角色的互文性建构 [J]. 电影文学，2025，（08）：86–90.
[24]秦耀华.《哪吒之魔童闹海》：东方美学与现代视觉特效技术的融合探索 [J]. 电影文学，2025，（08）：97–101.
[25]陶娟.《哪吒之魔童闹海》与中国动画电影的发展路径探索 [J]. 电影文学，2025，（08）：112–116.
[26]王传福.三十而立，是什么成就了比亚迪？ [J]. 商业文化，2025，（07）：58–62.
[27]鲁乙.经济全球化视域下特斯拉在华产业链的战略布局与启示 [J]. 时代汽车，2024，（17）：151–153.
[28]梁家荣.华为独立自主突破制裁之路：新时代高科技企业的成长借鉴 [J]. 河北企业，2025，（04）：21–24.
[29]王文彤.李柯：比亚迪的海外“密码”是什么 [J]. 中国企业家，2025，（04）：12–15.
[30]梁倩.数字技术赋能中华优秀传统文化“两创”的实践探索——以《哪吒之魔童闹海》为例 [J/OL]. 当代经济管理，2024，46（1）：1–15.
[31]梁静.胖东来商业模式创新研究 [J]. 中小企业管理与科技，2024，（20）：130–132.
[32]张少辉，尹高舰.《哪吒 2》票房神话揭示营销底层逻辑 [J]. 企业管理，2025，（04）：32–35.
[33]宋洁.《哪吒之魔童闹海》：中国动画电影的文化主体性探索 [J]. 电影文学，2025，（07）：92–95+161.
[34]陈炜.中国原创 IP 驱动大众出版转型——以《哪吒 2》等作品跨媒介生态构建为例 [J]. 中国出版，2025，（07）：37–40.

[35] 平兴强《哪吒之魔童闹海》: 动画巨制里的文化自信与时代回响 [J]. 新世纪剧坛，2025，(02)：40–43.

[36] 马铭岳 .《哪吒之魔童闹海》受众身份认同与跨代际情感共同体的建构 [J/OL]. 数字出版研究，2024，3(3)：1–9.

[37] 刘诗莹 . 符号学视域下国产动画文化符号的构建与传播——以《哪吒之魔童闹海》为例 [J]. 新传奇，2025，(12)：68–70.

[38] 卢春燕 . 任正非：华为背后的领航者与破局智慧 [J]. 商业文化，2025，(03)：41–42.

[39] 闫晗，黄涂昊，郝思佳，等 . 文化记忆视角下中国动画叙事的代际传承与范式突破——以《哪吒之魔童闹海》为例 [J/OL]. 数字出版研究，2024，3(3)：1–7.

[40] 王龙涛，陈维超 . 新生代受众视角下国产动画电影的神话故事重塑与现代化表达——以《哪吒之魔童闹海》为例 [J/OL]. 数字出版研究，2024，3(3)：1–7.

[41] 贺田露 . 从哪吒文学形象演变看中国文化传承与创新 [J]. 喜剧世界（下半月），2025，(03)：22–24.

[42] 卢康妮 . 人本管理：推动企业现代化管理的核心路径——以胖东来企业为例 [J]. 中外企业文化，2025，(03)：69–71.

[43] 朱光 . 短剧时代，长期主义者赢——从“魔童哪吒”“封神”“黑悟空”等作品的制作谈起 [J]. 上海人大月刊，2025，(03)：55–56.

[44] 张明浩，吴岚清 .《哪吒之魔童闹海》：“神话现代”叙事及其情绪动力学 [J]. 电影评介，2025，(04)：33–39.

[45] 松风 . 逐梦星河策马行——青年导演饺子的成长经历对教育的启示 [J]. 河北教育（德育版），2025，63(03)：60–61.

[46] 姚琳，廖易馨 . 可供性视角下“中国风”动漫 IP 的跨媒介叙事与

传播探析 [J]. 出版科学，2025，33（02）：90–98.

[47] 霁语 .《哪吒 2》:“百亿票房” 撬动千亿经济效应 [J]. 现代商业银行，2025，（06）：82–85.

[48] 刘亚男，邱青青，田瑞 . 从 “肉身成圣” 到 “数字成神”:《哪吒之魔童闹海》的身份变格与镜像映射 [J]. 电影文学，2025，（06）：53–57+87.

[49] 张新新，黄笑语，孙俨斌 . 中华优秀传统文化的丰富蕴涵、当代表达与策略机枢——《哪吒之魔童闹海》的文化现象分析 [J/OL]. 中国编辑，2024，（6）：1–12.

[50] 李培鑫 . 中华文明标识体系铸牢中华民族共同体意识的机理与启示——基于《哪吒之魔童闹海》的论析 [J]. 统一战线学研究，2025，9（02）：108–121.

[51] 任博，张娜，许丽丽 . 技术封锁与颠覆式创新：基于 “过犹不及” 视角的研究——以比亚迪发展路径为案例 [J/OL]. 当代经济管理，2024，46（6）：1–16.

[52] 陆安楠 . 哪吒之魔童闹海：一场 Z 世代的反标签化革命 [J]. 现代青年，2025，（03）：76–79.

[53] 杨宇良 .《哪吒之魔童闹海》：中华传统文化的创新表达 [J]. 金融博览，2025，（03）：62–64.

[54] 魏浩征 . 洞察胖东来的管理 “密码” [J]. 人力资源，2025，（05）：18–23.

[55] 冯天浩，汪锋 . 文化产业数字化驱动的时代价值、内在机制及当代启示——以《哪吒之魔童闹海》为例 [J/OL]. 学术探索，2024（3）：1–10.

[56] 肖明超 .《哪吒 2》背后的爆款趋势密码 [J]. 销售与市场，2025，（07）：

10–13.

[57]杨继刚.面对内卷，哪吒给的3个破局之道[J].销售与市场，2025，(07)：18–19.

[58]陈守湖.DeepSeek与《哪吒2》的启示[J].媒体融合新观察，2025(01)：1.

[59]王雨馨，里晓行.《哪吒之魔童闹海》的技术现代性与文化主体性：中国动画工业的突围——基于叙事重构、产业协同与哲学隐喻的多维分析[J].艺苑，2025(01)：7–11.

[60]张新新，游恒飞.文化和科技融合的现象、机制与策略——以动画电影《哪吒之魔童闹海》为例[J].出版广角，2025(02)：102–109.

[61]张泽博.隐喻在国产动画电影叙事中的运用研究[J].声屏世界，2025(04)：73–75.

[62]周星，吴英华.《哪吒之魔童闹海》的创造性分析——神话祛魅、叙事反叛与文化寓言[J].中北大学学报(社会科学版)，2025，41(03)：29–36.

[63]阎雨，田园，曲扶摇，等.中国发展道路与人类命运共同体建设研究——基于文明演进的视角[J].技术经济与管理研究，2019(12)：105–109.

[64]赵冰梅，刘佳琳.在中国式现代化进程中构建中华民族现代文明的内生逻辑、时代价值、实践路径[J].陕西社会主义学院学报，2024(04)：11–15.

[65]黄勃，李海彤，江萍，等.战略联盟、要素流动与企业全要素生产率提升[J].管理世界，2022，38(10)：195–212.

3. 报纸

[1] 刘臻霖 . 文化折扣的破壁机制：东方神话 IP 全球化改编的符号重构与认知共情 [N]. 广东文化参考报，2025-04-14（14）.

[2] 王霞 .《哪吒之魔童闹海》：中国神话反抗叙事的两重改写 [N]. 中国电影报，2025-03-26（010）.

[3] 杨丽琴 . 内生性突围与文化资本化：以《哪吒 2》为例探析中国经济的范式突破与全球产业链重构 [N]. 江苏经济报，2025-04-03（T07）.

4. 会议

第三届中国动画学年会论文集——动画与记忆 [C]. 成都大学、中国东盟艺术学院、《当代电影》杂志社：四川动漫研究中心，2018：6.

5. 学位论文

隆莺芷 . 敦煌曲子词与唐代商业城市风貌 [D]. 重庆：重庆师范大学，2011.

后记（一）

不昧今生，成就圆满

从自觉到觉他

《中国管理C模式》与《禅与现代管理》是我十多年前的著作。这些年，世界管理理论不断更新，全球经济不断嬗变，中国发展逐步进入后工业化时代，面对数字经济的迅猛发展，特别是人工智能，尤其是 OpenAI 与 DeepSeek 技术横空出世，原来的两部作品急需补充完善，经济思想、管理哲学也要随之迭代，两部旧作的新版亦是迫在眉睫。

《世界文明比较概论》是我五年前的作品，而这五年世界文明出现了新的趋势，特别是美国开始了“美国优先”的策略，放弃了原有的济世情怀，西方文明出现了裂痕。南南合作不断强化，发展中国家逐步觉醒，中国正在走进世界的中心，全球文明格局面临重构，人类中心“地中海——大西洋——太平洋”演进路线在逐步走向“地中海——大西洋——太平洋——新东方”的模式。《世界文明比较概论》的修订也刻不容缓。

我本来这两年的学术发展早已规划完毕，2024 年讲完了《世界文明比较概论》剩余 10 章，今年完成《中国管理 C 模式》10 讲课程，明年开讲新的《禅与现代管理》剩余的 10 章。2026 年全部完成增补内容。这样 3 年完成 3 部作品的更新，再行出版。

没承想《哪吒 2》炸裂出世，打破了原有的步骤与构想。

夫人带幼子观影后，要我一定去看看。起初我不以为然，也实在没有时间。直到去河南浚县调研，当地融媒体中心带领我观影后，才深以为然。放映结束，满脑子依然都是画面的回放。

回京后又看了两次，感觉这不是普通的影片，而是一部管理学的教科书，于是决定开始深耕其中的管理隐喻。

第一次和江苏天津商会百名企业家讲其中蕴含的管理哲学；第二次在杭州考察六小龙之一的强脑科技公司之后，和参加研学的企业家学员们再次探讨了哪吒与企业家精神的关联。当学生把我讲课的视频经过剪辑发布后，引起了大家的关注和共鸣，我由此产生了写《破局逻辑——〈哪吒 2〉中的管理隐喻》这本书的想法。

《哪吒 2》作为现象级动画电影，不仅是视觉与叙事的胜利，更是对现代经济、管理、政治学的隐喻性探讨。影片通过神话角色与情节，映射了当下的企业思维升级、顶层设计、模式迭代、管理嬗变、融合创新、蓝海战略、家族传承等核心议题，为企业家提供了多维度的思考空间。其中蕴含的企业管理智慧，更是给企业家们带来了思考。

于是，我决定把这样的力量传递出去，同时也把这些年对企业管理的新思考、新理念、新模式向社会传递，让学术转化为澎湃动力，注入中小企业机体里，共同精进，共赴未来。

如果以前的学术研究只是生命的自觉，而今天更重要的是用心灵唤醒心灵，用智慧点燃智慧。

我们活了这么多年，都是角色扮演，演了这么多角色，唯独没有我们自己！

所有一切，都是过往，凡是过往，皆为序章！

我们要自行觉醒，自生光明，自造慧命！

后记（二）

在此书撰写的过程中，很多人给予无私的帮助，付出颇多，贡献甚伟。

企业管理出版社编辑杨慧芳老师及其团队全程参与图书策划，方向性的指导，特别是受众群体的画像定位，创作方向的指引，可以说是对本著的“二次创作”。

天津传媒学院科研与国际交流处处长王燕教授，我们两人多次合作，发表了一系列论文和研究报告，这些研究成果对此书发挥了重要作用；我们将企划后期的哪吒系列作品，特别是关于文化隐喻、跨文化沟通管理方面的创作，我们将继续合作，陆续择机付梓出版。

北京大学经济学院的领导对本书创作给予了支持和扶植，尤其是崔建华书记给我提供了良好的创作环境和空间，多次指导创作方向与作品站位。

受北京大学经济学院冯科教授很多学术思想的启发，本书立意与主体思想的阐述与逻辑分析，从其受益良多。特别是初稿打印后奉冯教授指正，没想到他不仅写了点评，还逐页阅读，并用隽永的书法进行批阅，拿到其带有墨香的厚厚的一卷评语，不胜感激。

作为驻会学者，贵阳孔学堂提供了良好的创作与研究环境。期间，贵阳孔学堂文化传播中心党委委员、副主任肖立斌教授、关娜部长给予很多的关照。

我的同事于丹丹博士在我创作期间，主动承担了我的大量行政工作，为我节省出更多的时间，使我有更多的时间投入到本书创作之中。

夫人尤其为我的创作付出更多，任劳任怨承担家里一切大小事务，常年默默奉献，毫无怨言，对我的生活照顾得更是无微不至，使我心无旁骛，专心创作；此书封闭写作期间，没有与小儿子龙宝见过一面，他经常问我“爸爸，您去哪儿了”，平时经常出差讲学，本就聚少离多，假期也未能陪伴，作为父亲深感愧疚。

我的同事胡之淼对哪吒和申公豹的抗争属性定位给出很好的建议，并承担了后期的校对工作。我的同事顾云对大量的案例、资料的汇编及参考文献进行了搜集与整理，并承担全文缜密的校对工作。

给予帮助的还有我的同事北京大学社科部党支部副书记李净博士，我的学生邓峰、王海乔、刘阳、吕明、常顺奇及天津的李蓓女士等诸君。

是诸位的帮助，才有了此书成稿与出版，在此向以上所有给予帮助的师长、同仁、家人及未提及的挚友、贤达深深鞠躬致谢！

本书亦参考了大量的学术作品和评论文章的资料、数据、观点、思想和文献，由于时间仓促，未能一一列举，如有冒犯，请恕不敬，多多海涵！

由于能力不逮，文中谬误、不周、不详之处在所难免，敬请诸君批评、指正。

2025 年 5 月 20 日起笔于广州，5 月 25 日初稿于苏州，5 月 26 日完稿于郑州，6 月 16 日定稿于广州。